《综合交通建设试验检测用表标准》释义手册

Application Handbook of Test Record Standards for the Comprehensive Transportation Construction

江苏省交通运输厅工程质量监督局
江苏省交通规划设计院股份有限公司　编著
南京爱顺电脑有限责任公司

人民交通出版社

内 容 提 要

《综合交通建设试验检测用表标准》(以下简称《试验用表标准》)的发布是江苏省交通运输厅工程质量监督局推动试验检测标准化、规范化、信息化建设的一项重要举措和内容。本书由《试验用表标准》主要起草人员及有关专家编写,作为《试验用表标准》的条文解释和应用说明,重点介绍了发布《试验用表标准》的重要意义及其适用范围,并结合"综合交通建设试验检测用表标准化研究与应用"的研究成果,对《试验用表标准》中有关试验检测记录表/报告的格式与要素以及试验检测电子表格的功能要求等规定进行逐条解释和补充说明。

本书作为《综合交通建设试验检测用表标准》(DB 32/T 2355—2013)的配套用书,供综合交通建设试验检测人员参考使用。

图书在版编目(CIP)数据

《综合交通建设试验检测用表标准》释义手册 / 江苏省交通运输厅工程质量监督局,江苏省交通规划设计院股份有限公司,南京爱顺电脑有限责任公司编著. — 北京 : 人民交通出版社, 2013.11

ISBN 978-7-114-11029-0

Ⅰ. ①综… Ⅱ. ①江… ②江… ③南… Ⅲ. ①交通运输建设—标准—中国—手册 Ⅳ. ①F512.3-65

中国版本图书馆 CIP 数据核字(2013)第 282595 号

书　　名:《综合交通建设试验检测用表标准》释义手册
著 作 者:江苏省交通运输厅工程质量监督局
　　　　　江苏省交通规划设计院股份有限公司
　　　　　南京爱顺电脑有限责任公司
责任编辑:刘永超
出版发行:人民交通出版社
地　　址:(100011)北京市朝阳区安定门外外馆斜街 3 号
网　　址:http://www.ccpress.com.cn
销售电话:(010)59757973
总 经 销:人民交通出版社发行部
经　　销:各地新华书店
印　　刷:北京市密东印刷有限公司
开　　本:880×1230　1/16
印　　张:3.75
字　　数:88 千
版　　次:2013 年 11 月　第 1 版
印　　次:2013 年 11 月　第 1 次印刷
书　　号:ISBN 978-7-114-11029-0
定　　价:22.00 元
(有印刷、装订质量问题的图书由本社负责调换)

《综合交通建设试验检测用表标准》释义手册

编　委　会

编 写 单 位:江苏省交通运输厅工程质量监督局

江苏省交通规划设计院股份有限公司

南京爱顺电脑有限责任公司

主要审查人:解先荣　刘亚楼

主要编写人:顾　冕　王　成　汪春桃　陈业平

王　慧　史爱芬　田芬芬

前　言

2011年，江苏省交通运输厅工程质量监督局（以下简称“厅质监局”）在试验检测行业管理方面提出了“综合交通”的理念，《综合交通建设试验检测用表标准》（以下简称《试验用表标准》）的发布是厅质监局推动试验检测标准化、规范化、信息化建设的一项重要举措和内容。通过统一试验检测记录表/报告表式，规定试验检测电子表格的功能，搭建试验检测数据交流平台，从而达到推动试验检测管理规范化和科学化的目的，为试验检测数据信息化管理创造基础条件。

为方便试验检测人员准确理解并正确应用《试验用表标准》，厅质监局组织《试验用表标准》主要起草人员及有关专家编写了《〈综合交通建设试验检测用表标准〉释义手册》（以下简称《释义手册》），作为《试验用表标准》的条文解释和应用说明。《释义手册》按照《试验用表标准》的条文内容，重点介绍了发布《试验用表标准》的重要意义及其适用范围，并结合“综合交通建设试验检测用表标准化研究与应用”的研究成果，对《试验用表标准》中有关试验检测记录表/报告的格式与要素以及试验检测电子表格的功能要求等规定进行逐条解释和补充说明。

由于编者水平有限，时间仓促，《〈综合交通建设试验检测用表标准〉释义手册》的内容难免有不足之处。为保证《试验用表标准》科学、有效应用，厅质监局将不定期地组织人员对《试验用表标准》中涉及的试验检测记录表/报告表式、试验检测电子表格进行更新维护，敬请各试验检测机构或试验检测人员在应用过程中，及时将意见和建议反馈至江苏省交通规划设计院股份有限公司工程质量检测中心（地址：南京市江宁区胜利路92号，邮政编码：211100，联系电话：025-84202066-5121），以便进一步修改与完善。

编　者

2013年09月

目　录

1　范围 …………………………………………………………………………………… 1
2　规范性引用文件 ……………………………………………………………………… 1
3　术语和定义 …………………………………………………………………………… 2
4　总则 …………………………………………………………………………………… 3
5　试验检测记录表/报告的格式规定………………………………………………… 4
6　试验检测电子表格的功能………………………………………………………… 17
附录 A(规范性附录)　表格单元运算和函数 ……………………………………… 30
附录 B　试验检测记录表/报告目录 ………………………………………………… 36

1 范围

本标准规定了江苏省综合交通建设试验检测记录表/报告的格式、要素、编制要求,以及试验检测电子表格的术语、定义、基本功能要求等内容。

本标准适用于江苏省综合交通建设工程试验检测机构试验检测记录表/报告的编制以及试验检测电子表格的应用和开发。

本标准中综合交通建设工程是指公路、水运、铁路(含地铁)、民航等交通土建基础设施工程。

“十二五”以来,交通运输部工程质量监督局给全国交通行业基础设施建设试验检测机构明确提出了实现“四化”的发展目标,即:质量管理精细化、检测工作规范化、硬件建设标准化、数据报告信息化。《公路试验检测数据报告编制导则》(JT/T 828—2012)的颁布实施,即是实现“四化”的指导性文件。

本标准基于上述背景,在标准编制单位共同承担的“综合交通建设试验检测用表标准化研究与应用”科研项目成果的基础上,从进一步规范江苏省综合交通各等级试验检测机构与工地试验室数据记录表/报告的格式、要素,减少数据分析整理人为错误,提高试验检测数据记录表/报告的标准化、规范化、信息化水平出发,充分吸取江苏省 2007 年版《公路试验检测用表》实施以来的成功经验,广泛征求各单位在使用过程中反馈的意见和建议,考虑各类工程项目的特点以及不同的质量管理需求,对现有不同专业领域试验检测数据表格形式进行分析、归纳总结、提炼,形成江苏省新的试验检测原始记录/报告表式。

本标准明确了试验检测数据记录表/报告的格式、要素,规定了试验检测电子表格的基本功能,为搭建试验检测数据交流平台,实现信息化管理创造了条件,以更好地发挥试验检测数据对工程质量控制的基础作用。

2 规范性引用文件

下列文件中的条款通过本标准的引用而成为本标准的条款。凡是注日期的引用文件,仅注日期的版本适用于本标准。凡是不注日期的引用文件,其最新版本(包括所有的修改单)适用于本标准。

公路水运工程试验检测机构等级标准

JT/T 828—2012 公路试验检测数据报告编制导则

国认字函〔2006〕141 号 实验室资质认定评审准则

ISO/IEC17025:2005 检测和校准实验室能力认可准则

中华人民共和国工业和信息化部令第 1 号 电子认证服务管理办法

3 术语和定义

下列术语和定义适用于本标准。

3.1 等级试验检测机构 grade laboratory

按照《公路水运工程试验检测管理办法》(交通部2005年第12号令)的要求,取得"公路水运工程试验检测等级证书的机构"。

3.2 工地试验室 construction site laboratory

工程建设过程中为控制质量由等级试验检测机构在工程现场设立的试验室。

3.3 母体试验室 parent laboratory

在工程现场设立工地试验室的等级试验检测机构。

3.4 试验检测电子表格 test electronic spreadsheet

具有电子表格基本特点,页面形架界面及功能满足试验检测的需要,可以自行维护,并能进行表汇总链接指定,专门用于试验检测行业的计算机表格软件产品。

3.5 汇总链接指定 summary link specified

在一张电子表格的 k 个单元,建立与另外 m 张表格的 n 个单元的链接,以便自动将这 n 个单元的数据汇总输入其 k 个单元的功能。

试验检测电子表格的汇总链接指定功能,可以实现原始记录表中的试验检测数据自动地汇入试验检测报告中,减少人为汇总数据引起的差错。为实现这一功能,需先将试验检测记录表和报告的格式设计好,然后,将试验检测记录表中需要传递的数据单元与报告中对应的单元格建立链接指令,以实现自动汇总功能。一份试验检测报告中的不同单元数据可以源于若干份原始记录表,同样地,一份原始记录表中的不同单元数据也可以汇入若干份试验检测报告中。

3.6 条形码 Bar code

由宽度不同、反射率不同的条(黑色)和空(白色),按照一定的编码规则编制而成,用以表达一组数字或字母符号信息的图形标识符。

4 总则

4.1 通过对综合交通建设试验检测记录表/报告格式的统一，达到推动试验检测管理标准化、规范化和科学化的目的，提高工程质量控制水平，为试验检测数据信息化管理创造基础条件。

4.2 本标准对综合交通建设试验检测电子表格的功能提出明确要求，保障数据报告的准确可靠，方便用户维护使用。试验检测电子表格除了具有普通电子表格基本功能外，还应具备综合交通建设特有的计算、绘制图形曲线等功能。

4.3 试验检测电子表格的维护应是开放式的。授权单位可以根据试验检测规程的变化及时对记录表格式、报告格式作相应的修改：增加或删减表格的内容，或添加新试验检测参数试验检测电子表格。

综合交通试验检测记录表/报告包括综合交通试验检测记录表(以下简称“记录表”或“原始记录表”)和综合交通试验检测报告(以下简称“报告”)。

试验检测工作贯穿于交通基础设施建设及运营维护的各个阶段，通过试验检测获取大量的数据，以实现对原材料、半成品、成品以及施工工艺、安全监控、工程质量的控制以及运营阶段工程质量状况分析与评价、养护决策等。试验检测工作的成果以数据报告的形式为管理者决策及工程技术人员分析质量状况发挥作用。试验检测数据记录表/报告格式及内容的准确、统一和通用，对工程建设的不同阶段、提供数据的不同机构以及使用数据的不同需求之间，能够统一表征和方便交换显得尤为重要。试验检测数据记录表/报告标准化是实现这一目标最有效的途径之一。

试验检测电子表格规定了试验检测专业软件功能要求，试验检测软件应集专业的特殊性和通用性为一体，为提高试验检测机构效率，确保试验数据的准确可靠，为试验检测数据信息化管理提供有效手段，并为实现试验检测记录/报告的电子签章奠定了技术基础。

试验检测电子表格，应具备一般普通电子表格的基本功能(如：新建、打开、另存为、显示比例、页面设置、剪切、复制、粘贴、撤消、恢复、删除行、删除列、清除单元格内容、合并、拆分、插入列、插入行、均分列、均分行、字体设置、横向排列、纵向排列、设置上下标、单元格格式设置、单元格序列数据(下拉菜单)设置、图像编辑、光标移动键)、普通运算设置功能、普通绘图功能等，同时，试验检测电子表格还应具备满足综合交通建设试验检测需要的特殊运算功能、特殊图形曲线绘制功能、汇总链接指定功能、检索功能、水印功能、条形码功能等。

试验检测电子表格的维护应是开放式的，试验检测人员可以根据委托方的不同需求，设计特殊的专用表格。但是，各单位在使用过程中如有反馈意见，或试验检测规程发生变化，而需要更新现行试验检测记录表/报告时，应由省交通运输厅质监局的授权单位统一进行更新，如：增加或删减表格的内容，或添加新试验检测参数试验检测电子表格等。

5　试验检测记录表/报告的格式规定

5.1　记录表/报告格式与要素

综合交通建设试验检测记录表/报告的格式应符合《公路试验检测数据报告编制导则》(JT/T 828—2012),由标题区、表格区、落款区三部分内容组成,其中表格区按内容分为基本信息区、检验对象属性区(仅用于报告)、检验数据区和附加声明区等。管理要素与技术要素的内容和编排应符合表1的要求。

表1　要素编排要求表

要素名称	要素构成	编制位置	表征内容
管理要素	标题区,又称“表头”	表格区外部上方	记录表/检测报告表格的属性信息
	落款区	表格区外部下方	记录表/检测报告的签署信息
	基本信息区	表格区上部	被检对象信息及试验检测条件信息
	附加声明区,又称“备注”	表格区底部	试验过程中需补充说明的信息
技术要素	检验对象属性区(仅用于检测报告)	表格区中部偏上位置	被检对象的专属信息
	检验数据区	表格区中部偏下位置,“附加声明区”上方	记录表:记录试验过程中的原始数据及导出/处理结果
			检测报告:检测结果与结论等信息

试验检测机构常见的记录有管理记录和技术记录,本标准约定的是技术记录。

试验检测记录表是将被检对象按照规范标准要求进行试验检测后所产生的数据和信息,包括原始试验检测数据、导出数据,以及确保检测活动公正准确可以追溯的其他信息,如试验环境条件、检测活动的主要仪器设备、试验检测人员信息等。利用数据和信息可以判定被检对象是否达到了规定的技术指标或技术要求,及时掌握质量波动状况和变化趋势,为质量判定提供依据。

原始记录应具有溯源性、真实性、完整性和准确性。溯源性是指通过记录的信息可追溯试验检测过程的各环节和要素,并能还原整个检测过程,因此记录的信息应尽可能详尽,包括记录有关样品、试验检测过程的完整信息;真实性就是如实地记录试验检测当时当地的情况,包括试验检测过程中的数据、现象、仪器设备、环境条件等信息;完整性是指记录中涉及或影响报告中检测结果、数据和结论的因素都必须完整、详细,应能使未参加检测的同专业人员能从记录上查得审核报告所需的全部信息;准确性包括试验检测所测得原始数据、计算、修约的正确性,以及环境条件、设备状态等信息的准确性。

记录表还应符合《实验室资质认定评审准则》。

报告是试验检测工作的最终产品,报告的作用是向客户表明被检对象的质量信息,一份合格的报告应编写规范,内容完整,数据、结论准确无误。

报告还应符合《实验室资质认定评审准则》。

记录表和报告均以表格作为信息的载体。为准确表征试验检测过程与结论，试验检测记录表/报告需清晰准确表述表格的识别信息、被检对象信息、质量特性信息、数据报告出具者信息等。记录表与报告原则上采用单页表的形式，可依据具体情况使用横表和(或)纵表，版面设计遵循简洁、实用、统一的原则，可根据数据报告实际内容进行必要的调整。

试验检测记录表格式见图1，试验检测报告格式见图2。

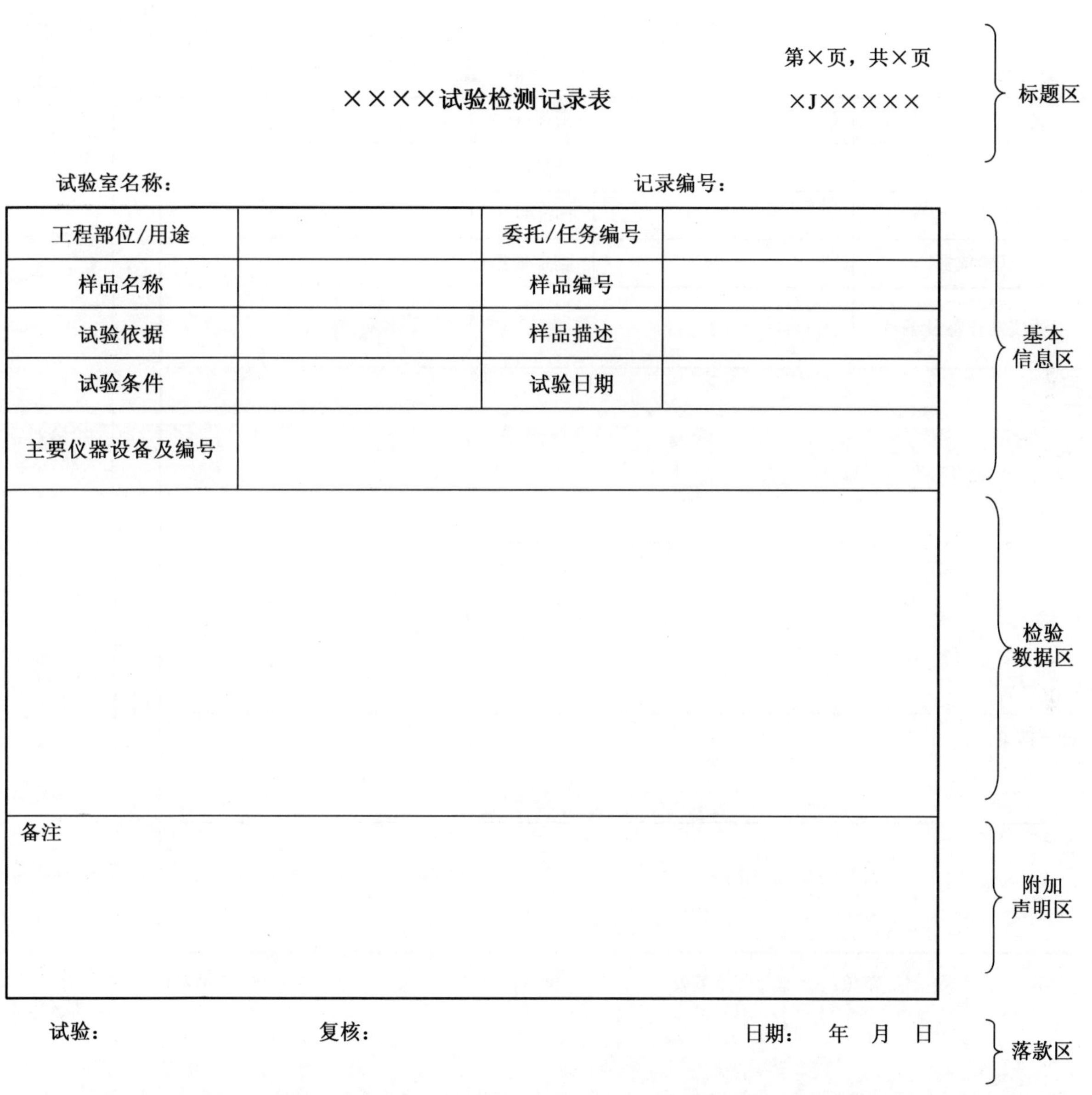
第×页，共×页

××××试验检测记录表 ×J×××××

试验室名称： 记录编号：

工程部位/用途		委托/任务编号	
样品名称		样品编号	
试验依据		样品描述	
试验条件		试验日期	
主要仪器设备及编号			
备注			

试验： 复核： 日期： 年 月 日

图1 试验检测记录表格式

第×页，共×页
××××试验检测报告 ×B××××××
（标题区）

试验室名称： 报告编号：

施工/委托单位		委托编号	
工程名称		样品编号	
工程部位/用途		样品描述	
试验依据		制定依据	
主要仪器设备及编号			
（检验对象属性区）			
（检验数据区）			
检测结论：			
备注：			

试验： 审核： 签发： 日期： 年 月 日（专用章）

标题区
基本信息区
检验对象属性区
检验数据区
附加声明区
落款区

图 2 试验检测报告格式

5.2 试验检测记录表/报告编制要求

以《公路水运工程试验检测机构等级标准》和《公路试验检测数据报告编制导则》(JT/T 828—2012)为基本依据,对试验检测记录表/报告所涉及的管理要素与技术要素内容进行详细的规定,相关要求见表2和表3。

表2 试验检测记录表各要素编制要求表

要素内容	信息明细	编制要求
标题区	表格名称	原则上采用“项目名称”+“参数名称”+“试验记录表”的形式,同时对多测试方法、多项目、多参数等可能出现的特殊情况进行规定
	唯一性标识编码	按四段位的编码规则编码
	页码	以“第×页,共×页”的形式表示
	试验室名称	工地试验室名称:母体试验检测机构名称+建设项目标段名称+工地试验室。 等级试验室名称:采用“公路水运工程试验检测机构等级证书”上的名称或其编号
	记录编号	试验室自行编制,用于试验参数、试验过程的识别
基本信息区	工程部位/用途	为二选一填写项,明确被检对象在工程中的具体位置时,可填桩号;当指明数据报告结果的具体用途时,填相关信息
	委托编号	试验室自行编制,用于表示委托任务的唯一性编号
	样品名称	按标准规范要求填写,如“热轧带肋钢筋”,或写代号,不能简单写成钢筋
	样品编号	试验室自行编制,用于区分每件独立样品的唯一性编号
	试验依据	试验时所依据的现行有效的标准、规程或其他技术文件。应至少填写出完整的标准、规程编号,如GB/T 232—2010
	样品描述	描述样品的状态,如样品结构、形状、规格、颜色、数量等信息
	试验条件	试验时的环境条件,如试验的温度、湿度、照度以及在标准中有明确规定其他环境条件的实测值或其范围值
	试验日期	试验的起止时间,以时间段或时间点来表示
	主要仪器设备及编号	试验时所用主要仪器设备信息,应包括仪器设备名称、型号规格及唯一性标识
检验数据区	原始观测项目	要求信息充分,以便在接近原条件的情况下能够复现
	数据处理过程项目	宜保留数据处理过程、导出过程、数据修约或方法等
	试验结果	给出测试结果,需要时给出相关图表结果
附加声明区	备注	试验检测过程的特殊声明、其他见证方签认、需补充说明的事项等
落款区	表格签署人信息	试验、复核人员签名,必须持有相应交通运输部检测员以上证书,且签字的领域与所持证书的专业应对应
	日期	试验记录表的复核人员复核时间,格式如2012年07月15日

记录表标准格式的编制要求,是为了统一试验检测质量控制的关键和常用参数的试验检测记录表格式,以推动工程质量管理标准化、规范化和科学化,为进一步提高工作效率,实现试验检测数据电子化、信息化管理创造条件。

(一)试验检测记录表标题区

1.组成

记录表标题区由表格名称、唯一性标识编码、试验室名称、记录编号和页码等内容组成。

2.表格名称

位于标题区第一行居中位置,原则上采用“项目名称”+“参数名称”+“试验检测记录表”的形式,特殊情况可采用以下形式:

(1)当试验参数有多种测试方法可选择时,宜在记录表后将选用的测试方法以括号的形式加以标识,如“土颗粒级配试验检测记录表(筛分法)”;

(2)当同一“项目”栏内存在多个项目类型或按习惯用法可分为多个项目类型时,宜按项目类型分别编制记录表,如水泥混凝土×××试验检测记录表、砂浆×××试验检测记录表;

(3)当对同一样品在一次试验中得到多个参数值时,记录表可以多参数的形式出现,表格名称在表述时宜列出全部参数并在参数间以“、”号分隔,如“水泥标准稠度用水量、凝结时间、安定性试验检测记录表”;

(4)当记录表包含《公路水运工程试验检测机构等级标准》“项目”栏内的全部参数时,参数名称可省略,以“项目名称”+“试验检测记录表”为表格名称,如“隧道环境检测试验检测记录表”;

(5)当参数能明确地体现测试内容时,项目名称可省略,以“参数名称”+“试验检测记录表”为表格名称,如“反光膜性能测试试验检测记录表”。

3.唯一性标识编码

用以区分记录表的管理编码,具有唯一性,与表格名称同处一行,靠右对齐。记录表唯一性标识编码采用2+2+2+1四段位的编码形式,即用“专业编码”+“项目编码”+“参数编码”+“方法区分码”的形式表示,其结构如图3所示。

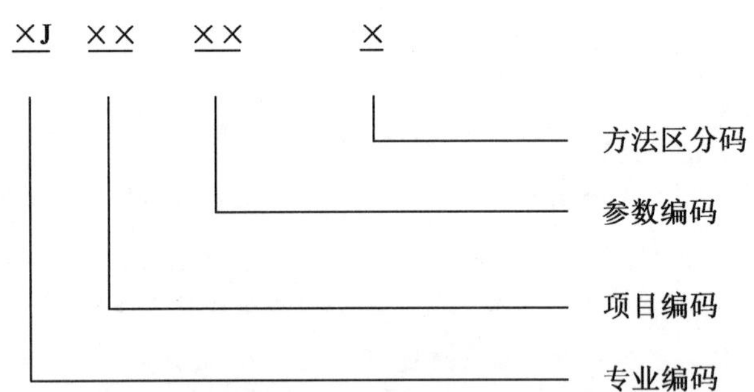

图3　记录表唯一性标识编码结构示意图

唯一性标识编码是记录表的管理编码。

记录表唯一性标识编码各段位的编制要求为:

(1)专业编码,由两位大写英文字母组成,第一位字母用于区分专业类别,用J、Q、A分别代表公路工程、桥梁隧道工程、交通工程专业,第二位字母为J,代表记录表。对于综合交通其他专业暂时按J编号,后期如有标准发布,及时更新。

(2)项目编码,由两位数字组成,用《公路水运工程试验检测机构等级标准》中的“综合甲级(桥梁结构、构件,隧道,交通安全设施等除外)”、“桥梁隧道工程专项”、“交通工程专项”中“项目”序号表示，采用01～99的形式。如“土”在“综合甲级”项目中序号为1，其项目编码为01。

鉴于综合甲级与专项等级专业项目类别和技术参数中存在重叠现象，为了保证编码的唯一性，综合甲级中除桥梁结构、构件，隧道，交通安全设施外，还包括锚具、钢绞线，支座，地基基础、基桩，结构混凝土，其唯一性标识编码均采用桥梁隧道工程专项中相应的专业编码、项目编码及参数编码。

(3)参数编码，由两位数字组成，用《公路水运工程试验检测机构等级标准》中与项目对应的“参数”栏内各参数的顺序号表示，采用01～99的形式；多参数记录表，该段位为排在前面的参数的顺序号。如“土的颗粒级配”在“综合甲级”土这一项目的参数中排在第一顺序位，其参数编码为01。

在《公路水运工程试验检测机构等级标准》的交通工程专项中不少参数以“……安装质量及性能测试”或“……设施性能及安装质量”等形式表述，在“及”的前后分别表示不同类别的参数内容。为便于编码系统的管理，对交通工程专项中含“及”的参数一律视做两个参数看待，即“……安装质量”、“……性能测试”，其参数编号为两个连续的号。以交通工程专项项目序号6“交通安全设施”为例，其参数编号如下：波形梁钢护栏安装质量(01)及性能测试(02)，反光膜性能测试(03)，交通标志板安装质量(04)及性能测试(05)，热熔型路面标线涂料性能测试(06)，道路交通标线施工质量(07)及性能测试(08)等等。

当存在多个技术参数共列于一张数据表格时，该参数编码为排在前面的参数的顺序号。如土的最大干密度和最佳含水率共用同一张记录表，该记录表的唯一性标识编码采用最大干密度的参数顺序号，为JJ0103。

(4)方法区分码，由一位小写英文字母组成，采用a～z(i，l，o除外)的形式，用于区分单项目或多项目对同一参数的不同试验方法，由试验室自行制订。如粗集料颗粒级配(干筛法a、水洗法b)、细集料颗粒级配(干筛法c、水洗法d)、矿粉颗粒级配(水洗法e)等。无方法区分码时，此段位编码省略。

4. 试验室名称

位于标题区第二行位置，靠左对齐。在不引起歧义时，可用“公路水运工程试验检测机构等级证书”的编号表示试验室名称，工地试验室名称应能反映出其母体试验室及项目标段的信息。

工地试验室名称为“母体试验检测机构名称＋建设项目标段名称＋工地试验室”。等级试验室名称宜采用“公路水运工程试验检测机构等级证书”上的名称，在不引起歧义时可采用“公路水运工程试验检测机构等级证书”的编号。

5. 记录编号

与“试验室名称”同处一行，靠右对齐。记录编号由试验室自行编制，用于试验参数、试验过程的识别。

《实验室资质认定评审准则》对报告结果有溯源要求；交通运输部2005年第12号令第36条规定检测机构应当建立健全档案管理制度，保证档案齐备，原始记录和试验检测报告内容必须清晰、完整、规范。这就要求报告和原始记录必须相对应，原始记录的唯一性标识就是记录编号，所以应体现记录编号这一信息。

6.页码

位于表格的页眉处，靠右对齐，以"第×页，共×页"的形式表示。

(二)试验检测记录表落款区

落款区由"试验"、"复核"、"日期"三部分组成。

日期为记录表的复核时间，以"××××年××月××日"的形式表示，如"2010年04月30日"。

《关于印发公路水运工程试验检测信用评价办法的通知(试行)》(交质监发[2009]318号)中明确要求签字的试验人员和复核人员必须持有试验检测员以上证书，且签字领域应与所持证书的专业相对应。因此，使用单位应关注相关签字人员的资格条件。为区别于试验日期，明确落款区的日期为记录表的复核时间。

(三)试验检测记录表基本信息区

基本信息区包括但不限于工程部位/用途、委托/任务编号、样品名称、样品描述、样品编号、试验条件、试验依据、试验日期、主要仪器设备及编号等内容。相关编写要求如下。

《检测和校准实验室能力的通用要求》(ISO/IEC17025:2005)要求对影响报告质量的"人、机、料、法、环、测"要素加以控制，所以记录的基本信息区也应体现这些信息。

(1)工程部位/用途：为二选一填写项，当可以明确被检对象在工程中的具体位置时，宜填写工程部位的桩号；当指明数据报告结果的具体用途时，宜填写相关信息；材料试验应填写其工程用途；成品、半成品、现场检测应填写所在的工程部位。工程部位应能追溯，如填写施工桩号、分项(分部)工程名称等。

(2)委托/任务编号：由试验室自行编制，用于表示外部委托/内部任务流转的唯一性编号，一般宜填写委托编号，用于盲样管理时可填写任务编号。

工地试验室的检测活动一般属于自检范畴(业主委托等级试验检测机构建立的工地试验室除外)，无需填写委托单位和委托单编号；等级试验检测机构，在满足盲样管理的前提下，应填写委托/任务编号的信息。

(3)样品名称：按标准规范要求填写，如"热轧带肋钢筋"、"热轧光圆钢筋"，或写代号，不能简单填写为"钢筋"。

(4)样品描述：描述样品的状态，如样品的结构、形状、规格、颜色、数量等信息。

样品描述是对样品是否适合于检测进行的必要的记录，尤其当样品有异常情况或偏离时，更应询问并记录；样品在试验室内部流转过程中也应关注样品状态与最初接受样品时是否一致。不同样品的状态描述不同，样品信息要根据标准规范或试验规程的要求选择。

(5)样品编号：由试验室自行编制，用于区分每件独立样品的唯一性编号。

样品编号的建立与实施，应确保样品在实物上、实际工作中、记录中或其他文件中被提及时不会发生混淆。如果适用，样品大样(由多个同类样品组成，如钢筋、岩石等)宜细分(如一组岩石的唯一性标识为YP-2012-YS-0003，该组岩石由3个试件组成，试件的唯一性标识可细分为YP-

2012-YS-0003-01、YP-2012-YS-0003-02、YP-2012-YS-0003-03)。对配合比设计类,其由不同原材料组成,按原材料样品分别编号,对配合比设计过程产生的混合料,应建立单独的样品编号,由混合料制作的试件,按上述样品大样细分(如沥青混合料配合比设计中,沥青样品编号为 YP-2012-LQ-0001,粗集料样品编号为:YP-2012-CJL-0001,细集料样品编号为:YP-2012-XJL-0001,等)。

(6)试验条件:用于描述试验时的环境条件,如试验的温度、湿度、照度以及在标准中有明确规定的其他环境条件的实测值或范围值;

在有关标准、规范、方法和程序有要求时或对结果质量有影响时,应对环境条件或试验条件进行监测、控制和记录。

(7)试验依据:进行试验所依据的现行有效的标准、规程或其他技术文件。宜至少填写出完整的标准、规程编号,如:GB/T 232—2010;必要时,可写至标准、规程的方法编号或条款号,如:JTG E42—2005 T0305—1994。

当某一产品或某一参数有多个试验依据时,应根据其在工程中的具体用途或部位,有针对性地选择一个试验依据。如粗集料(碎石)的试验依据有国家标准(GB/T 14685—2011),也有交通运输行业规程(JTG E42—2005),其使用在沥青路面,则只选用 JTG E42—2005 为试验依据。

(8)试验日期:为试验的起止时间,以时间段或时间点表示。

某些试验项目是从样品制备开始的,应将制备样品时的时间记作试验开始时间。

(9)主要仪器设备及编号:试验所用主要仪器设备的信息,宜包括仪器设备名称、型号规格及唯一性标识。

主要仪器设备是指为试验检测直接提供数据的仪器设备,辅助类和工具类仪器设备可不填写。

(四)试验检测记录表附加声明区

附加声明区可用于:

(1)对试验检测的依据、方法、条件等偏离情况的声明;

(2)其他见证方签认;

(3)其他需要补充说明的事项。

附加声明区即“备注”,可用于对试验检测的依据、方法、条件等偏离情况的声明,亦可用于对样品及其试验结果作专门细致性的描述。工地试验室的记录表的附加声明区还可用于监理人员签字。

根据 ISO/IEC17025:2005《检测和校准实验室能力的通用要求》4.13.2.1 的要求,记录还应包括负责抽样的人员,由于基本信息区和落款区没有设置专门的栏目反映此信息,故当涉及抽样人时,可在附加声明区注明。

(五)试验检测记录表检验数据区

检验数据区用于记录试验过程和试验结果的信息,是试验室按试验依据编制的技术内容,宜包括但不限于原始观测项目、数据处理过程与方法、试验结果等,相关编写要求如下。

(1)原始观测项目:应包含获取试验结果所需的充分信息,以便该试验在尽可能接近原条件的情况下能够复现。

(2)数据处理过程与方法:宜保留试验数据的处理过程,给出由原始观测数据导出试验结果的过程记录、数据修约或方法等。

(3)试验结果:宜按试验依据文件要求给出该项试验的测试结果。

表3 试验检测报告各要素编制要求表

<table>
<tr><th>要素内容</th><th>信息明细</th><th>填写要求</th></tr>
<tr><td rowspan="5">标题区</td><td>表格名称</td><td>由单一记录表导出的检测报告,其命名方式同记录表,仅将“试验记录表”变更为“试验检测报告”
由多个记录表导出的检测报告,依据试验参数具体组成,优先以项目名称命名检测报告名称</td></tr>
<tr><td>唯一性标识编码</td><td>按四段位的编码规则编码</td></tr>
<tr><td>页码</td><td>以“第×页,共×页”的形式表示</td></tr>
<tr><td>试验室名称</td><td>正确使用试验室名称
工地实验室名称应能反映出其母体实验室及工程项目的信息
等级试验室、母体实验室名称也可用等级证书编号表示</td></tr>
<tr><td>报告编号</td><td>试验室自行制订,用于试验检测报告的识别</td></tr>
<tr><td rowspan="10">基本信息区</td><td>施工/委托单位</td><td>实施工程建造与安装的单位名称</td></tr>
<tr><td>工程名称</td><td>本检测报告测试范围内建设项目的名称</td></tr>
<tr><td>工程部位/用途</td><td>为二选一填写项,明确被检对象在工程中的具体位置时,填桩号;当指明数据报告结果的具体用途时,填相关信息</td></tr>
<tr><td>委托编号</td><td>试验室自行编制,用于表示委托任务的唯一性编号</td></tr>
<tr><td>样品描述</td><td>描述样品结构、形状、规格、颜色、数量等</td></tr>
<tr><td>样品编号</td><td>试验室自行编制,用于区分每件独立样品的唯一性编号</td></tr>
<tr><td>试验依据</td><td>试验时所依据的现行有效的标准、规程或其他技术文件,应至少填写出完整的标准、规程编号</td></tr>
<tr><td>主要仪器设备及编号</td><td>试验时所用主要仪器设备信息</td></tr>
<tr><td>判定依据</td><td>判定试验结果合格与否所依据的标准、规程或其他技术文件</td></tr>
<tr><td colspan="2"></td></tr>
<tr><td>检验对象属性区</td><td colspan="2">对检测结果的有效性和可追溯性有重要影响的被检对象或测试过程中所特有的信息。可以为时间信息、抽样信息、材料或产品生产信息、材料配合比信息等,如试验龄期、抽样方法、材料的产地、生产批号、各种材料用量等</td></tr>
<tr><td rowspan="5">检验数据区</td><td>检测项目</td><td>本报告包含的检测项目</td></tr>
<tr><td>技术要求</td><td>判定依据中相应检测项目的要求</td></tr>
<tr><td>检测结果</td><td>指本检测项目的单向测试结果</td></tr>
<tr><td>结果判定</td><td>指本检测项目的单向结果的符合性判定</td></tr>
<tr><td>检测结论</td><td>本检测报告所含测试项目的检测结果,应包含合格与否的判定</td></tr>
<tr><td>附加声明区</td><td>备注</td><td>试验检测过程的特殊声明、需补充说明的事项等</td></tr>
<tr><td rowspan="2">落款区</td><td>表格签署人信息</td><td>试验、审核和报告签发人签名。试验人员必须持有签字领域试验检测员以上证书,试验人员应为本项检测工作的主检人员,审核必须是签字领域的持证试验检测工程师,签发人员必须是持证试验检测工程师</td></tr>
<tr><td>日期</td><td>报告批准日期,格式如2012年07月15日</td></tr>
</table>

试验检测报告是试验检测工作的最终产品，直接反映试验检测机构管理水平、检验能力和工作质量。报告通常包括封面、扉页、报告正文三部分内容，在 ISO/IEC17025:2005《检测和校准实验室能力的通用要求》和《实验室资质认定评审准则》中对报告编制都有较为明确的规定，两个文件对报告的内容要求基本一致。

本着以工地试验室为使用对象，兼顾等级试验检测机构的原则，本标准中试验检测报告的编制着重考虑了数据报告名称、报告类别、唯一性标识编码、基本信息、签字信息等内容，从管理要素和技术要素两方面提出编制综合交通试验检测报告应必备的基本要求。

(一)试验检测报告标题区

1.组成

报告标题区由表格名称、唯一性标识编码、试验室名称、报告编号、页码等内容组成。

2.表格名称

位于标题区第一行居中位置。采用以下两种表述方式：

(1)由单一记录表导出的报告，其表格名称宜采用与记录表名称相同的命名方式，仅将“试验检测记录表”变更为“试验检测报告”。

当报告与记录表能够一一对应时，报告命名较为简单，与记录表的命名方式一致即可，如“路基路面压实度试验检测记录表”对应的报告为“路基路面压实度试验检测报告”。

(2)由多个记录表导出的报告，依据试验参数具体组成，优先以项目名称命名报告名称，在不引起歧义的情况下，宜采用“项目名称”+“试验检测报告”的形式或其他约定的形式。

当一份报告由多个记录表的信息导出时，为便于直观地了解报告的主体检测对象，报告命名应包含等级标准的“项目名称”，在不引起歧义的情况下，使用“项目名称+试验检测报告”的形式，也可按原材料理化性能检测、进场制成品性能检测、混合料配合比设计、施工过程质量控制检测、施工质量验收检测等习惯或约定的方式命名。

①报告内容涵盖《公路水运工程试验检测等级标准》“项目”中全部参数时，以项目名称作为报告的名称，即采用“项目名称”+“试验检测报告”的形式，如“岩石试验检测报告”。

②报告内容涵盖《公路水运工程试验检测等级标准》“项目”中部分参数时，所涉及参数可以按习惯或约定的方式加以描述，如“物理力学性能”、“安装质量”等，以“项目名称”+“习惯或约定的描述”+“试验检测报告”的形式表述，如“板式橡胶支座物理力学性能试验检测报告”。

③报告内容涵盖《公路水运工程试验检测等级标准》“项目”中部分参数时，所涉及参数无法以习惯或约定的方式加以描述时，可采用“项目名称”+“试验检测报告(一)”、“项目名称”+“试验检测报告(二)”……的形式。如“土工试验检测报告(一)”、“土工试验检测报告(二)”等。

检测机构出具的同一名称的试验检测报告，所含试验参数以及各参数所选取的试验方法应一致。

3.唯一性标识编码

唯一性标识编码是报告的管理编码。

与表格名称同处一行，靠右对齐。报告唯一性编码采用 2+2+2+2 四段位的编码形式，即用

“专业编码”+“分类编码”+“项目编码”+“格式区分码”的形式表示，其结构如图 4 所示。

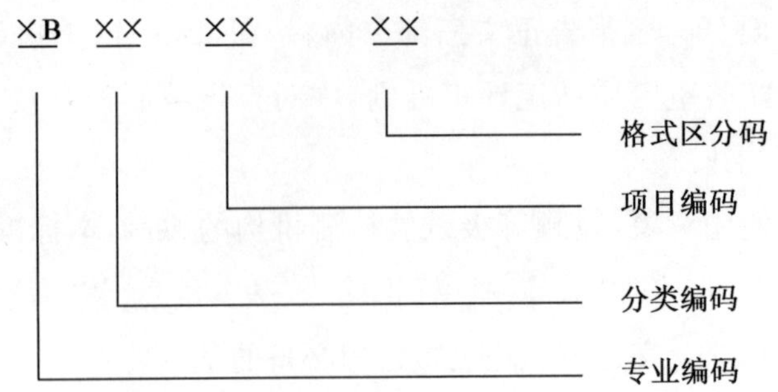

图 4 报告唯一性标识编码结构示意图

报告唯一性标识编码各段位的编制要求为：

(1)专业编码，由两位大写英文字母组成，第一位字母用于区分专业类别，用 J、Q、A 分别代表公路工程、桥梁隧道工程、交通工程专业，第二位字母为 B，代表报告。

专业编码是统一规定的，按等级试验检测机构标准分类为公路工程、桥梁隧道工程、交通工程，三类报告的专业编码分别为 JB、QB 和 AB。

(2)分类编码，由两位数字组成，用 01、02、03 分别代表材料类报告、现场试验类报告、特殊参数类报告。

用于工程建设的原材料及制成品等统归为材料类，用“01”表示；对工程实体所实施的过程检验、监控测试、工程验收等，属现场试验类范畴，用“02”表示；其他的为特殊参数类报告，用“03”表示，如配合比设计。

(3)项目编码，由两位数字组成，用《公路水运工程试验检测机构等级标准》中的“综合甲级(桥梁结构、构件，隧道，交通安全设施除外)”、“桥梁隧道工程专项”、“交通工程专项”中“项目”序号表示，采用 01～99 的形式。

项目编码与记录表项目编码相同。

(4)格式区分码，由两位数字组成，采用 01～99 的形式，用于区分项目内各报告格式，由试验室自行制定。

各试验室因检测的对象不同、目的不同、同项目的报告中所含参数内容也不尽相同，用格式区分码将报告模板加以区分，格式区分码并非项目内试验检测工作的流水号。例如：“土工试验检测报告(一)”、“土工试验检测报告(二)”的格式区分码分别用 01、02 表示；“道路石油沥青试验检测报告”、“道路用乳化沥青试验检测报告”、“改性乳化沥青试验检测报告”的格式区分码分别用 01、02、03 表示。

4. 试验室名称

位于标题区第二行位置，靠左对齐。工地试验室名称应能反映出其母体试验室及项目标段的信息。报告采用的试验室名称应使用全称。工地试验室名称采用“母体试验检测机构名称+建设项目标段名称+工地试验室”。

5. 报告编号

与“试验室名称”同处一行，靠右对齐。由试验室自行制定，用于报告的识别。报告编号是试验室按自身管理要求对其出具的具体的试验检测报告进行识别的编号，具有唯一性。

6.页码

与试验检测记录表的要求一致。

(二)试验检测报告落款区

由“试验”、“审核”、“签发”、“日期”、“(专用章)”五部分组成。

日期为报告的签发时间，其表示方法与试验检测记录表一致。落款区示意如图5所示。

试验： 审核： 签发： 日期： 年 月 日(专用章)｝落款区

图5 落款区示意图

按交通运输部2005年第12号令及《实验室资质认定评审准则》要求，报告应采用三级审签，本标准采用“试验”、“审核”、“签发”的形式。试验室在按本机构管理要求进行报告审签时，应满足交通运输部12号令对人员的基本要求，即：报告中签字的试验人员必须持有签字领域试验检测员以上证书，此处的“试验”应为本项检测工作的主检人员；审核人员是签字领域的持证试验检测工程师；签发人员必须是持证试验检测工程师。

等级试验检测机构需出具同时加盖公路水运试验检测机构专用标识和实验室认证、认可标识的报告时，应注意签发人员的资格，此种情况下的报告签发人应既是持证试验检测工程师，也是试验检测机构的授权签字人。

本标准规定的“(专用章)”处为试验检测机构报告专用章或试验检测机构行政章的盖章处，专用章的名称应与试验检测数据报告的试验室名称一致。专用章盖在报告的签发日期上。

报告中各种标识章的使用应符合相关证书发放机构的管理规定。其中，《关于核发公路水运试验检测机构专用标识章的通知》(质监综字[2008]10号)规定：“试验检测机构专用标识章”应加盖在试验检测报告的右上角。

机构应在等级证书限定的参数范围内开展业务，超出批准参数范围的报告，不得加盖试验检测机构专用标识章。

在CMA、CAL、CNAS标识同时使用时，建议在报告首页上方从左向右依次盖章，仅使用CNAS标识时，建议将章盖在报告首页上方居中位置。

(三)试验检测报告基本信息区

包含但不限于施工/委托单位、工程名称、工程部位/用途、委托编号、样品编号、样品描述、试验依据、判定依据、主要仪器设备及编号等信息，相关编写要求如下。

(1)施工/委托单位：为二选一填写项，宜填写施工单位名称，仅当无法填写施工单位信息时，可填写委托单位名称。

(2)工程名称：本报告测试范围内建设项目的名称。

(3)工程部位/用途：同试验检测记录表相应部分要求。

(4)委托编号：同试验检测记录表相应部分要求。

(5)样品描述：同试验检测记录表相应部分要求。

(6)样品编号：同试验检测记录表相应部分要求。

(7)试验依据:同试验检测记录表相应部分要求。

(8)判定依据:判定试验结果合格与否所依据的相关试验规程、标准或其他技术文件。表述方法同试验检测记录表相应部分要求。

(9)主要仪器设备及编号:同试验检测记录表相应部分要求。

试验依据是指对参数进行检测时所使用的方法标准,判定依据是按试验依据对参数进行检测后,对其结果合格与否进行判定所依据的标准规范。试验依据与判定依据应相匹配。报告中的试验依据宜填写标准、规程完整的中文全称及完整的标准、规程编号。

(四)试验检测报告附加声明区

附加声明区可用于:

(1)对试验检测的依据、方法、条件等偏离情况的声明。

(2)其他需要补充说明的事项。

附加声明区即“备注”,在报告已述内容中未能描述的或需补充说明、声明的信息,对报告结果的使用建议,抽样信息,不确定度表示等内容,都可在附加声明区中体现。工地试验室出具报告的附加声明区还可用于监理人员签字。

(五)试验检测报告检验对象属性区

用于被检对象、测试过程中有关技术信息的详细描述,如“生产厂家”、“抽样基数”、“抽样数”、“试验龄期”等,视报告的具体需要确定其内容。

对检测结果的有效性和可追溯性有重要影响的被检对象或测试过程中所特有的信息,宜在检验对象属性区表述,其内容视报告的需求而定,可以为时间信息、抽样信息、材料或产品生产信息、材料配合比信息等,如试验龄期、抽样方式、材料的产地、生产批号、各种材料用量等。

(六)试验检测报告检验数据区

宜包含但不限于检测项目、技术要求/指标、检测结果、结果判定与检测结论等内容,以及反映检测结果与结论的必要的图表信息。

检验数据区的信息内容及其表述方式应符合试验依据、判定依据的规定;检验数据区的检测结果应可追溯、检测数据修约正确、结果判定准确、图表信息完整、检测结论客观明确;在检测过程中产生的大量的过程数据,宜保留在原始记录中。

5.3 试验检测记录表/报告纸张要求

a) 版面采用国际标准A4型纸(即:长297mm×宽210mm)。

b) 横表页边距宜设置为:上2.0cm、下1.5cm、左1.5cm、右1.5cm。

c) 纵表页边距宜设置为:上1.5cm、下1.5cm、左2.5cm、右1.5cm。

d) 页眉、页脚宜分别设置为:0.5cm。

e) 表格外边框宜用1.5磅粗实线,基本信息区与检验数据区之间分隔线宜用1.5磅粗实线。

f) 除标题区中表格名称用16号宋体字加粗外,记录表/报告中固化内容宜用10号宋体字,填充内容宜用10号仿宋字。

根据本条和第5.1条、第5.2条及综合交通各参数试验检测要求制定的试验检测记录表/报告表式详见本标准资料性附录B和资料性附录C，试验检测记录表/报告表式目录详见本手册“附录B(试验检测记录表/报告目录)”。

建议工地试验室直接按本标准规定的试验检测记录表/报告格式出具试验检测报告，试验检测机构可视本单位的实际需求，在不改变试验检测报告的总体格式及编制原则的前提下，允许在本标准所列内容的基础上适当增减项目内容，编制出适合本机构情况的试验检测报告，如：可以在页脚处增加试验检测机构信息，在附加声明区中增加需进一步表述的内容等。当等级试验检测机构出具其他类型的第三方检测报告时，可视实际需求，以本标准规定的报告格式为报告正文的基础内容，按试验检测机构的内部管理要求及相关评审准则的规定酌情增加首页、扉页等内容。

6　试验检测电子表格的功能

试验检测电子表格是实现试验检测信息化管理的基础。试验检测电子表格应能存入大型数据库。

试验检测电子表格除应具有普通电子表格的界面编辑功能(包括：新建、打开、另存为、显示比例、页面设置、剪切、复制、粘贴、撤消、恢复、删除行、删除列、清除单元格内容、合并、拆分、插入列、插入行、均分列、均分行、字体设置、横向排列、纵向排列、设置上下标、单元格格式设置、单元格序列数据(下拉菜单)设置、图像编辑、光标移动键)、普通运算设置功能、普通绘图功能外，还应具备满足综合交通建设试验检测需要的特殊运算功能、特殊图形曲线绘制功能、汇总链接指定功能、检索功能、水印功能、条形码功能等。

试验检测电子表格是试验检测软件的基础。各种试验检测信息能以试验检测电子表格为载体，存储于大型数据库中。

界面编辑功能包含以下功能：

1.新建

在界面上显示一个空白电子表格，等待编辑和保存；电子表格区默认为A4竖页面。

例如新建的空白电子表格设定首行为表格标题栏。表格有默认规格为：

(1)A4竖(210，297，30行，10列)；A4横(297，210，20行，15列)。

(2)A3竖(297，420，45行，15列)；A3横(420，297，30行，20列)。

2.打开

按照指定路径文件名打开电子表格文件。

3.另存为

按照指定路径文件名保存电子表格文件。

4.显示比例

根据实际需要任意设置电子表格的显示比例。

根据实际需要可在10％～200％范围内任意设置表格相对于整个界面的显示比例。

5. 页面设置

应可以选择 A4、A3(竖向/横向)页面,应可以设置页面页边距,单元宽度、高度。

6. 剪切

选中单元,剪切所选中单元内容。单元格内容包括:单元格内的字符、格式、数学计算公式、逻辑运算公式等。

7. 复制

选中单元,复制所选中单元内容。

(单元格内容见 6)

8. 粘贴

选中单元,粘贴复制的单元内容。

(单元格内容见 6)

9. 撤消

撤消上一次或多次的操作。

10. 恢复

恢复上一次或多次撤消的操作。

11. 删除行

删除选中的行。

12. 删除列

删除选中的列。

13. 清除单元格内容

选定相应单元(或单元区域),清空选中范围的显示内容,保留单元格内计算公式或逻辑运算等设置。

显示内容包含:数字、标点、文字等,但不包含数学计算公式、逻辑运算设置。

14. 合并

选定相应单元区域,将选中范围中的所有小格合并成一个大格。

15. 拆分

选定相应单元(一般包含合并过的单元)还原为原来的格式。单元格基本单位不可拆分。

16. 插入列

无选中的列,在最右方添加一列;有选中的第 n 列,在选中列右方添加 $n+1$ 列(n 为大于零的整数)。

例如:在一张列数为 10 的电子表格中点击“插入列”在电子表格的最右方生成 11 列;选中第 5 列,点击插入列在第 5 列的右侧生成第 6 列。

17. 插入行

无选中的行,在最下方添加一行;有选中的第 n 行,在选中行下方添加 $n+1$ 行(n 为大于零的整数)。

例如:在一张行数为10的电子表格中点击"插入行"在电子表格的最下方生成11行;选中第5行,点击插入行在第5行的右侧生成第6行。

18. 均分列

选定相应范围列,将选中的几列列距均匀分配。

19. 均分行

选定相应范围行,将选中的几行行距均匀分配。

20. 字体设置

字体设置可改变选定单元中的字体、字形、大小、颜色及效果;当单元为空时,可预设置单元字体、字形、大小、颜色等默认值。

21. 横向排列

选中一个单元内容,将选中内容居中、居右、居左显示;当选中一个单元,单元内为空,可预设单元居中、居右、居左。

22. 纵向排列

选中一个单元内容,将选中内容居中、居上、居下显示;当选中一个单元,单元内为空,应能预设单元居中、居上、居下。

23. 设置上下标

选中需要设置的单元内容,应能改变为上标、下标或还原。

例如:设置上标显示为 A^2;设置下标显示为 A_2

24. 单元格格式设置

能改变选中单元上下左右边框的宽度和颜色;设置选中区域单元中的字符和边框是否打印,缺省设置是否全部打印。

单元格设置功能包含边框粗细设置、边框颜色设置;边框、单元格内容是否打印设置功能。

25. 单元格序列数据(下拉菜单)设置

在单元格内设置下拉菜单,内容应能选择,不能修改。

26. 图像编辑

(1)插入图像:按指定路径可以插入BMP、JPG等文件图像。

(2)删除图像:删除选中单元中的图像。

(3)图像另存为:按指定途径保存为BMP、JPG等格式图像。

27. 光标移动键

选中表格单元(或单元区域):

(1)按键盘"↑"或"↓"键,单元向上或向下移动一格。

(2)按键盘"←"或"→"键,单元向左或向右移动一格。

(3)按快捷键,在输入状态下单元内的光标向下移动一行。

试验检测电子表格除具有运算、绘图、打开、保存、打印、刷新、缩放、页面设置等普通电子表格基本功能外，还应具备综合交通建设特有的计算功能、绘制图形曲线功能、汇总连接指定功能、检索功能、水印功能、条形码功能等。

6.1 特殊运算设置功能

应能新增、修改和删除各种设置，设置应包含数学计算设置、逻辑设置、曲线设置和矩阵运算设置。各项功能要求(但不限于)如下。

6.1.1 数学计算设置

计算包括数学计算、时间计算、字符串计算、特殊函数计算。

a) 设置表达式栏：表达式栏内输入表达式，表达式由加减乘除(＋－ ∗ /)和函数组成，函数输入方式包括键盘输入及在函数下拉框中选择。

b) 设置计算结果：设置保留小数位数，选择修约方式(修约详细定义见附录 D)。

c) 运算规则

参加函数运算数据单元有为空时，给出提示。

参加函数运算数据单元为符号(含“/”)、字母等时：

1) 常用函数、修约函数、时间函数输出“/”；

2) 平均函数、特殊平均函数、统计函数剔除后算出结果；

3) 参加函数运算数据单元为非法数据(例如除数为 0、开方数为负、pow(x,a)中 x 为负数等)时，输出无效符号；

4) 参加函数运算单元有作废符号“—”时，函数结果一律输出作废符号“—”；

5) 参数数据为一个指定区域的函数时，其区域不能包含合并后的单元。

d) 特殊函数计算应包含特殊平均值函数计算、沥青针入度指数函数计算、延度函数计算、水泥混凝土凝结时间函数计算等。

e) 应至少具有附录 D 定义的函数。

函数包含专业函数和试验数据自动采集处理函数，专业函数包含特殊工程函数、特殊均值函数和数字修约函数等。由常用函数、专业函数能组合成各种运算表达式。禁止由运算结果推算出原始值的反推函数功能、随机函数功能等，避免伪造数据。

本标准试验检测电子表格中应用的各种计算函数详见规范性附录 D“表格单元运算和函数”，本手册中以附录 A 表述。

6.1.2 逻辑运算设置

a) 逻辑运算设置

1) 电子表格单元应能增加 N 组逻辑判断条件，每组逻辑判断条件应有两个及两个以上的逻辑表达式；

2) 逻辑功能应包含数字、字符、日期三种比较能力。逻辑运算符号包括与(&)、或

(|)、异(～)、非(!)。

b)　运算规则

1)　每组逻辑判断条件应有两个及两个以上的逻辑表达式，逻辑表达式之间均为“与”的关系；

2)　每组逻辑判断条件之间均为“或”的关系；

3)　逻辑运算包含数字、字符、日期三种类型比较功能；

4)　每组逻辑判断条件满足时输出的结果，应是字符或运算表达式(应有输出值保留小数位设置、修约设置)；

5)　每组逻辑判断条件均不满足时输出的结果，应是字符或运算表达式；

6)　比较运算符应能输入<、=、>、≤、≥、≠六种符号；

7)　参加运算的单元为空值，该单元格不参加计算。

组与组逻辑判断条件之间为“或”的关系，每组逻辑判断条件的逻辑表达式均为“与”的关系。每个表达式能引用和组合“计算设置功能”的函数，逻辑比较结果能是运算表达式。满足一个以上条件组时，将每组条件满足时“输出结果”叠加输出。

逻辑判断实例见图6。

表达式　1　　　　　　　　　　　　表达式　2

√	条件1	f(1，1)		=		1	&	√		-1 000		<		f(1，3)		≤		700	T	一
√	条件2	f(1，1)		=		1	&	√		700		<		f(1，3)		≤		1 200	T	二
√	条件3	f(1，1)		=		1	&	√		1 200		<		f(1，3)		≤		100 000	T	三
√	条件4	f(1，1)		=		2	&	√		-1 000		<		f(1，3)		≤		700	T	四
所有条件皆不满足时输出：不满足																				

图6　逻辑判断条件图

(1)本例选用了4组逻辑判断条件，每组有两个逻辑表达式。

(2)比较时，符合条件1、条件2、条件3、条件4输入单元的值时分别输出一、二、三、四；当时所有条件皆不满足(条件1至4均不符合)输出“不满足”。

(3)“条件”的比较类型为数字类型。

6.1.3　图形曲线绘制设置

曲线绘制必须涵盖综合交通工程试验检测项目的需求。

a)　图形曲线基本功能设置

1)　图形曲线的上标、下标、左标、右标是画出图形曲线上下左右出现的标识字符，应能任意输入并设置其字体大小、颜色等；

2)　应能够设置 X 轴、Y 轴的起始和终止范围；

3） 应能够设置 X 轴、Y 轴的间隔距离和相应坐标线（如双对数坐标、半对数坐标、泰勒曲线等）；

4） 应能够将图形曲线的特殊值设置输出到指定单元内；

5） 应能够依据函数运算坐标的距离标值。

b） 曲线生成方式

1） 通用曲线：根据点的坐标值绘制单根（或多根）曲线，点的坐标值为必须给出的一组值。

连接数据点的曲线包括：

——多项式拟合曲线：其多项拟合系数和相关系数应能输出；

——分段三次样条曲线：在每个区间上应能构造一个三次函数，使得分段曲线和它的一阶导数与二阶导数在更大的区间内连续；

——直线（折线）：相邻的两个点之间用直线连接。

（1）X 轴值为一组数值，在输入 X 轴数据输入框输入对应的表格单元坐标；至少能绘制五条对应曲线，在 Y 轴值、上值、下值、中值、修正值数据输入框输入对应的曲线 Y 坐标值相对应的表格单元坐标。

（2）绘图：绘制出没有误差的经过数据点的平滑曲线，有以下几类。

①多项式拟合曲线：高阶多项式情况下容易发生，多项拟合系数和相关度能输出。

②分段三次样条曲线：在每个区间上可构造一个三次函数，使分段曲线和它的一阶导数与二阶导数在区间内连续。

③直线（折线）：直接点对点作线。

依据点值绘制多条曲线（直线/折线、拟合曲线、样条曲线）界面设置示意如图 7 所示。

2） 特殊曲线

——绘制含水率与锥入深度曲线，含水率与锥入深度曲线设置应有以下功能：

应能选择样品类型：砂类土或细粒土；

应能依据含水率、锥入深度值绘图；

当试验误差超过规定值，给出提示；

自动输出液限、塑限、塑性指数，自动判断样品种类。

（1）图 8 为含水率与锥入深度曲线示意图，界面中：

①能选择样品种类砂类土/细粒土，指出试验类型。

②含水率、锥入深度框输入其值在表格的对应单元。

③输出 1（液限 W_L（%））、输出 2（塑限 W_P（%））和结论数据框内输入计算后数值输出的单元格坐标。

（2）根据三点绘制曲线，三点分别为 a、b、c 三点，在对应输入框输入三点坐标值对应的单元格坐标，由表格单元赋值。

（3）如果三点在一条直线上，求出其直线方程 abc 绘图。

（4）如果三点不在一条直线上（绝大多数情况）。

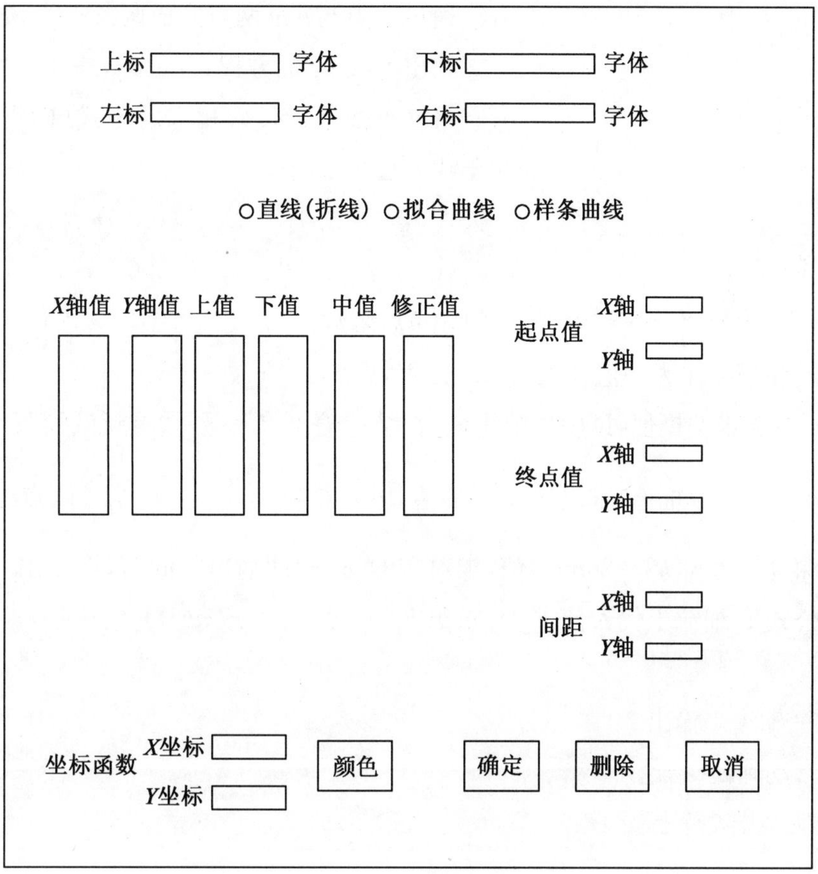

图7 曲线设置图

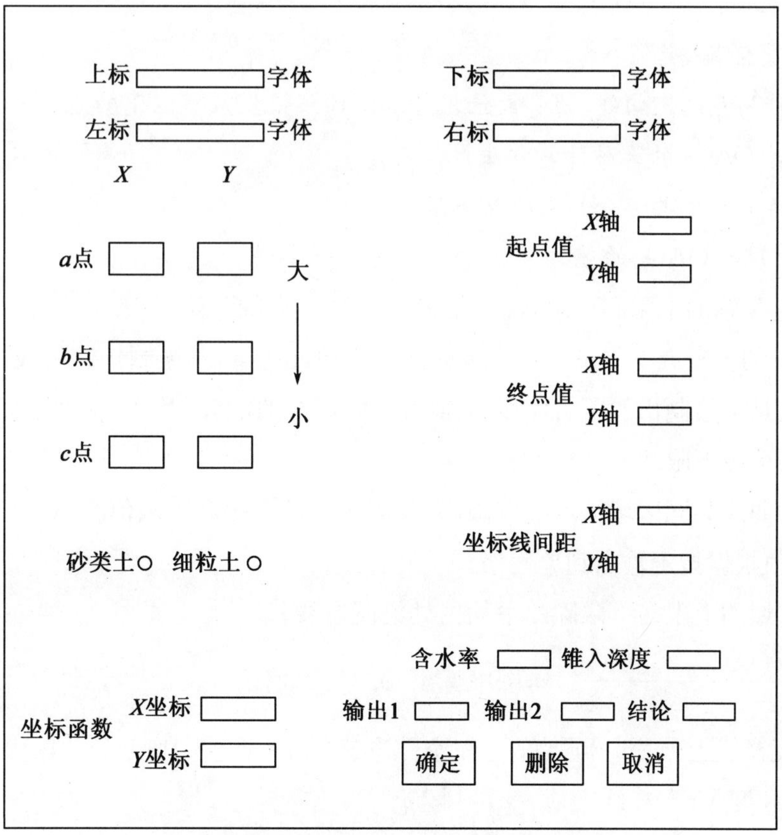

图8 含水率与锥入深度曲线示意图

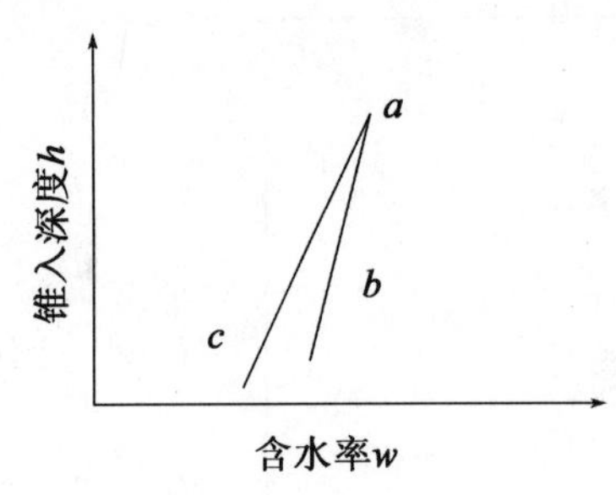

图 9　锥入深度与含水量(h-w)关系图

①通过 a 点与 b、c 两点连成两条直线，如图 9 所示。

②求出直线 ac 的方程式：$y=nx+c_1$。

③将 a 点横坐标代入相应的公式(砂类土代入公式 1，细粒土代入公式 2)中。

公式 1：$h_p=29.6-1.22w_L^3+0.017w_L^2-0.0000744w_L$

公式 2：$h_p=0.524w_L-7.606$

算出 h_p(函数值)。

④将上面得到的 h_p 作为 y 值代入 ac、ab 方程，算出 x_1，x_2。

如果 $x_1-x_2>$含水率框值，试验失败重做，在结论输出单元显示“重新试验”。

如果 $x_1-x_2\leqslant$含水率框值，求出$\frac{x_1+x_2}{2}$的值，以 a 点和 $d\left(\frac{x_1+x_2}{2},h_p\right)$两点绘制直线 ad。

(5)以锥入深度框为 $y(h_p=20\text{mm})$值，求对应的 x 值，即输出 1 的值，将输出 1 值代入相应公式(砂类土代入公式 1，细粒土代入公式 2)，求出 h_p 值代入 ad(或 abc)直线方程，求出 x 值，即输出 2 的值。

(6)计算 I_p=输出 1 输出 2。

(7)计算机自动判断(结论)：

若 $I_p<1$ 显示字样“砂土”；

$1<I_p\leqslant7$，显示字样“亚砂土”；

$7<I_p\leqslant17$，显示字样“亚黏土”；

$I_p>17$ 显示字样“黏土”。

——沥青最佳用量选定曲线，沥青最佳用量选定曲线设置应有以下功能：

应能选择计算 OAC_1 的三种计算方法；

自动输出多条直线公共部分的上限及下限；

能自动计算 OAC、OAC_2 的值。

(1)根据 6 组 X 轴的上限和下限，规定每根曲线的起点和终点。

(2)如果 X 值的上限或下限没有指定单元或指定单元为空，不绘制任何曲线。

(3)共同区域是指绘制出的所有曲线 X 轴所共同拥有的部分；其 X 轴的最小值为共同区域上限，最大值为共同区域下限。

(4)绘制出的曲线共同区域指示线应画出，共同区域的上限和下限值在 X 轴上标示；共同区域的上限和下限的值根据指定输出到单元格。

(5)在共同区域的上限与下限除的平均值处绘制虚线。

(6)$OAC_2=\frac{(OAC_{min}+OAC_{max})}{2}$，图中标出 OAC_2 数值。

(7)a_1 在密度横线上($x=a_1$)画点；a_2 在空隙率横线上($x=a_2$)画点；a_3 在稳定度横线上($x=a_3$)画点；a_4 在饱和度 VFA 横线上($x=a_4$)画点。

(8)在共同区域的 OAC 处绘制粗线：

$OAC_1=\frac{(a_1+a_2+a_3+a_4)}{4}$(1/4 算法)或 $OAC_1=\frac{(a_1+a_2+a_3)}{3}$(1/3 算法)

$OAC=\frac{(OAC_1+OAC_2)}{2}$;图中标出 OAC 数值

如果:1/4 算法时,a_1、a_2、a_3、a_4 没有赋值,不绘制 OAC 竖线和相应点;1/3 算法时,a_1、a_2、a_3 没有赋值,不绘制 OAC 竖线和相应点。

(9)在图中显示 OAC_{min}、OAC_{max}、OAC、OAC_1、OAC_2,如果没有共同区域不绘制直线,并显示"重新试验"。

根据六条直线的上限、下限指定数值绘制出六条直线见图 10。

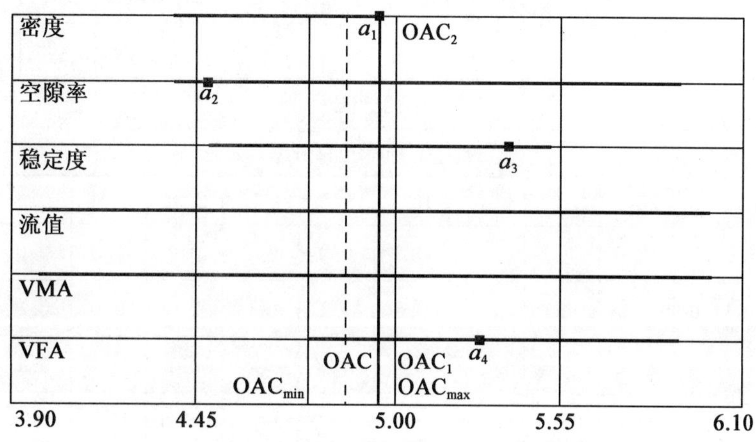

图 10 沥青最佳用量选定曲线图

6.1.4 矩阵设置功能

矩阵设置应具有以下功能:

a) 应能输入矩阵系数;

b) 应能输入常数列;

c) 方程组有唯一解时,对应输出到指定单元组;

d) 解的个数应与指定单元的个数对应,当解的个数小于指定单元的个数,剩余单元输入"/";

e) 方程组无解时,对应输出指定单元显示"本次试验检测无效"。

矩阵运算在"沥青混合料中级配筛分试验"项目中应用示列见表 4。

以"中值"为常数列 b_n,各种材料、各档筛孔"通过百分率"为系数 a_n,

求解"组成比例"。

$$\begin{cases} a_{11}x_1+a_{12}x_2+\cdots+a_{1n}x_n=b_1 \\ a_{21}x_1+a_{22}x_2+\cdots+a_{2n}x_n=b_2 \\ \vdots \\ a_{m1}x_1+a_{m2}x_2+\cdots+a_{mn}x_n=b_m \end{cases}$$

(1)方程组有唯一解时,对应输出到"组成比例"单元;解的个数小于指定单元的个数,剩余单元输入"/"。此例中,指定单元格为 6 个,求解结果为 5 个值,第 6 个单元格则输入"/"。

表 4　矩阵运算应用示列

矿料筛分结果															
材料序号	通过下列筛孔百分率(%)														
	53	37.5	31.5	26.5	19	16	13.2	9.5	4.75	2.36	1.18	0.6	0.3	0.15	0.075
1	100	100	100	92.4	24.4	7.5	1.4	0.2	0.2	0.2	0.2	0.2	0.2	0.2	0.2
2	100	100	100	100	85.3	40.4	7.5	0.5	0.3	0.3	0.3	0.3	0.3	0.3	0.3
3	100	100	100	100	100	100	93.7	53.2	2.9	0.3	0.3	0.3	0.3	0.3	0.3
4	100	100	100	100	100	100	100	100	97.8	73.2	50.7	32.9	20.7	13.1	6.9
5	100	100	100	100	100	100	100	100	100	100	100	100	100	97.3	79.1
6	/	/	/	/	/	/	/	/	/	/	/	/	/	/	/

矿料级配组成																
矿料	组成比例	通过下列筛孔百分率(%)														
		53	37.5	31.5	26.5	19	16	13.2	9.5	4.75	2.36	1.18	0.6	0.3	0.15	0.075
1	20	20.0	20.0	20.0	18.5	4.9	1.5	0.3	0.0	0.0	0.0	0.0	0.0	0.0	0.0	0.0
2	11	11.0	11.0	11.0	11.0	9.4	4.4	0.8	0.1	0.0	0.0	0.0	0.0	0.0	0.0	0.0
3	29	29.0	29.0	29.0	29.0	29.0	29.0	27.2	15.4	0.8	0.1	0.1	0.1	0.1	0.1	0.1
4	35	35.0	35.0	35.0	35.0	35.0	35.0	35.0	35.0	34.2	25.6	17.7	11.5	7.2	4.6	2.4
5	5	5.0	5.0	5.0	5.0	5.0	5.0	5.0	5.0	5.0	5.0	5.0	5.0	5.0	4.9	4.0
6	/	/	/	/	/	/	/	/	/	/	/	/	/	/	/	/
矿料级配		100.0	100.0	100.0	98.5	83.3	74.9	68.3	55.5	40.0	30.7	22.8	16.6	12.3	9.6	6.5
级配范围	上限	100	100	100	100	90	83	76	65	52	42	33	24	17	13	7
	下限	100	100	100	90	75	65	57	45	24	16	12	8	5	4	3
中值		100.0	100.0	100.0	95.0	82.5	74.0	66.5	55.0	38.0	29.0	22.5	16.0	11.0	8.5	5.0

(2)方程组无解时,对应输出到"组成比例"单元输入"本次试验检测无效"。

6.2　汇总链接指定

试验检测记录表与报告汇总表之间应能建立链接指定:

a)　试验检测数据应能根据链接指定自动输出到汇总表;

b)　汇总表应能汇总 m 个项目产生的 n 个数据(m 与 n 均为大于 0 的整数);

c)　汇总表应能自动接收纪录表计算出的数据和绘制的曲线。

记录表的任一单元格能与汇总表的任一单元格中建立关联,当记录表中的指定单元格产生数值、字符或曲线时,汇总表中的指定单元格也产生同样的数值、字符或曲线。

每个项目表有 n 个数据，一张汇总表对应 m 个项目记录表，一张汇总表上应有 $m*n$ 个数据来源于项目表。

6.3 检索功能

应能对试验检测记录表/报告按照设置的条件查询检索：

a） 能按照时间、记录表名称、工程/单位名称、报告编号等单一或组合条件查询；

b） 应能将符合条件的检索结果全部列出。

检索条件至少有时间、记录表名称、工程/单位名称、报告编号四种条件。

检索条件应能包含多个条件。例如：检索一个月内的某单位水泥物理性能试验报告。检索结果能够列出以便于查看。

第　页 共　页
QJ0609

橡胶支座摩擦系数试验记录表

试验室名称：　　　　　　　　　　记录编号：

工程部位/用途			委托/任务编号		
试验日期			样品编号		
样品描述			样品名称		
试验条件			试验日期		
主要仪器设备及编号					
钢板尺寸(mm)			钢板层数		
橡胶层总厚度(mm)			有效承压面积AO(mm²)		
试样编号	极限压力(kN)	有效受压面积AO(mm²)	计算极限抗压强度Ru(MPa)	标准要求极限抗压强度Ru(MPa)	试样工作状态
结论					

试验：　　　　　　复核：　　　　　　日期：

江苏省交规院工程质量检测中心

图 11　水印标识示意图

6.4 水印功能

试验检测电子表格应具有水印功能：

a) 试验检测记录表/报告中应具有母体试验室或工地试验室(或工程建设项目)名称的水印标识。

b) 水印标识的颜色深浅应能调节。

c) 水印标识应斜向排列在页面的中间位置。

为防止伪造，试验检测记录表/报告打印后页面应有母体试验室或工地试验室(或工程建设项目)名称的水印底纹，水印底纹不得覆盖页面内容。水印颜色的深浅应能依据实际情况设置。当水印标识字符较多时，宜分行设置，从左下角至右上角方向斜置在页面中间位置，如图 11 所示。

6.5 条形码功能

试验检测报告的唯一性标识使用条形码标识。

6.5.1 采用一维条形码，由代表 15 位字符码的条码符号组成，如图 12 所示。

××××××××××××××××

图 12 15 位条形码

注：×表示组成 15 位条码编号的字符。

6.5.2 条形码字符段组成分为下列部分。

a) 第一位和第二位字符组成地区代码。例如：JS 表示江苏。

b) 第三位至第六位共四位字符组成机构代码(或工程代码)，用以表示具体的试验检测机构。例如：江苏省交通规划设计院股份有限公司工程质量检测中心机构代码为 SJJC。机构代码(或工程代码)由使用者自定，以不重复为原则。

c) 第七位字符为试验室类别代码，例如：M 表示母体试验室，L 表示监理单位设立的工地试验室，S 表示施工单位设立的工地试验室，Z 表示建设单位在施工现场设立的中心试验室。

d) 第八位至第十一位共两位字符组成年份代码，如：2012 表示 2012 年。

e) 第十二位至第十五位共 4 位字符组成流水号，如：0001。

6.5.3 条形码应能自动在指定的单元格生成，条形码的编号应清晰，大小可以依据单元格大小自动调整。

试验检测报告的条形码功能可以有效防止伪造报告，条形码由宽度不同、反射率不同的条(黑色)和空(白色)，按照一定的编码规则编制而成，用以表达一组数字或字母符号信息的图形标志符。本标准中规定的条形码为二维码。

本标准规定的条形码由 5 个段位组成，形成试验检测报告的唯一性标识：

第一个段位由第一位和第二位字符组成地区代码，例如：JS 表示江苏。

第二个段位由第三位至第六位共4位字符组成机构代码(或工程代码),用以表示具体的试验检测机构。例如:江苏省交通规划设计院股份有限公司工程质量检测中心机构代码为SJJC。机构代码(或工程代码)由使用者自定,以不重复为原则。

第三个段位由第七位字符为试验室类别代码,例如:M表示母体试验室,L表示监理单位设立的工地试验室,S表示施工单位设立的工地试验室,Z表示建设单位在施工现场设立的中心试验室。

第四个段位由第八位至第十一位共4位字符组成年份代码,如:2012表示2012年。

第五个段位由第十二位至第十五位共4位字符组成流水号,如:0001。

条形码应能自动在指定的单元格生成,条形码的编号应清晰,大小可以依据单元格大小自动调整,以便能够使用专用设备自动识别,提高自动化、标准化管理的水平。

附 录 A

(规范性附录)

表格单元运算和函数

A.1 运算

单元格基本运算符号分别以加(+)、减(−)、乘(*)、除(/)、商($:除数非0的两任意数相除,结果的整数部分)、模(%:除数非0的任意整数相除、结果为余数部分)来表示。

逻辑运算符号包括与(&)、或(|)、异(~)、和非(!)。

A.2 函数一览表

$f(a,b)$:表示 a 行 b 列单元格或由最左上方为 a 行 b 列单元格单元格的一组单元格合并成的单元格中的数据。其中 $f(a,b)$ 中的",”必须用英文状态输入。

表 A.2 函 数 一 览 表

序号	函数类型	函数表达式	计算说明及示例	备 注
1	常用函数	求和函数 sum($x_1,x_2,\cdots x_n$)	求 $x_1,x_2,\cdots x_n$ 的和(空格算作0)	
2		绝对值函数 abs(x)	求 $y=x$ 的绝对值	
3		平方函数 sqr(x)	函数 $y=x^2$ 的表达形式	
4		开平方函数 sqrt(x)	函数 $y=\sqrt{x}$ 的表达式	
5		立方函数 cub(x)	函数 $y=x^3$ 的表达式	
6		开立方函数 cbrt(x)	函数 $y=\sqrt[3]{x}$的表达式	
7		乘幂函数 exp(x)	函数 $y=e^x$ 的表达式	
8		幂函数 pow(x,a)	函数 $y=x^a$ 的表达式	
9		阶乘函数 fac(x)	函数 $y=x!$ 的表达式	
10		对数函数 lg(x)	函数 $y=\lg x$ 的表达式	
11		自然对数函数 ln(x)	函数 $y=\ln x$ 的表达式	
12		三角函数 sin(x)、cos(x)、tan(x)	x 为角度值,如 x 为 $f(a,b)$[=44~16′]	
13		反三角函数 arcsin(x)、arccos(x)、arctan(x)	x 为数值,如 x 为 $f(a,b)$[=0.8]	
14		弧度换算角度函数 deg(x)	x 为弧度值,如 x 为 $f(a,b)$[=1.33]	
15		角度换算弧度函数 rad(x)	x 为角度值,如 x 为 $f(a,b)$[=44~16′]	
16		角度运算 degadd(x_1,x_2)、degsub(x_1,x_2)	角度加法运算函数; 角度减法运算函数。 如:$f(8,5)$=44~16′,$f(8,6)$=43~24′, $f(8,7)$=degsub($f(8,5)$,$f(8,6)$)/2=43~50′	
17		π 值	π(=3.141 592 7)	

续上表

序号	函数类型	函数表达式	计算说明及示例	备 注
18	均值函数	ave(x_1,…x_n)	求 x_1,…x_n 的平均值	
19		aveR($f(x_1,x_2,)$,$f(x_3,x_4)$)	求单元格 $f(x_1,x_2,)$到 $f(x_3,x_4)$内所有值的平均值	
20		aveS(x_1,…x_n,n_1,n_2)	在 n 个数据中去掉 n_1 个最大值，n_2 个最小值后剩余数的平均值	
21		avesa(x_1,x_2,x_3)	1 类修约均值函数 (1)x_1,x_2,x_3 求平均值； (2)(x_1,x_2,x_3)中若有任何一个与中值之差超过中值的 15%（或 20%），去掉该数，另外两个数取平均； (3)三个数中有两个数与中值之差超过中值的 15%（或 20%），输出（－1）（中值：三个数中大小处于中间的数）	
22		avesb(x_1,x_2,x_3,x_4,x_5,x_6)	2 类修约均值函数 (1)求平均值； (2)若有任何一个数与平均值之差超过平均值的 10%，去掉该数另外五个取平均； (3)若有两个数和两个数以上与平均值之差超过平均值的 10%，输出（－1）	
23		aveA(x_1,x_2,x_3,n)	(1)求 x_1,x_2,x_3 的平均值； (2)在 x_1,x_2,x_3 中若有任何一个数与中值之差超过中值的 n%，则取中值作为结果； (3)三个数中有两个数与中值之差超过中值的 n%，输出（－1）	
24		aveB(x_1,x_2,x_3,n)	(1)求 x_1,x_2,x_3 的平均值； (2)在 x_1,x_2,x_3 中若有任何一个数与平均值之差超过平均值的 n%，则去掉该数，取另外两数的平均值作为结果； (3)三个数中有两个数与平均值之差超过平均值的 n%，输出（－1）	
25		aveC(x_1,x_2,x_3,y,n)	(1)求 x_1,x_2,x_3 的平均值； (2)在 x_1,x_2,x_3 中若有任何一个数与 y 值之差超过 y 值的 n%，则去掉该数，取另外两数的平均值作为结果； (3)三个数中有两个数及两个以上的数与 y 值之差超过 y 值的 n%，输出（－1）	
26		aveD(x_1,x_2,x_3,x_4,x_5,x_6,n)	(1)求六个值的平均值 (2)在六个值中的最大或最小值与平均值之差超过平均值的 n%，则取剩余五个值的平均值作为测定值 (3)六个值中有两个数或两个数以上与平均值之差超过平均值的 n%，输出"/"（无效）	
27		aveE(x_1,x_2,x_3,x_4,x_5,x_6,n)	(1)求六个值的平均值； (2)六个值中任何一个数与平均值之差超过平均值的 n%，则取剩余五个值的平均值作为结果； (3)六个值中有两个数或两个数以上与平均值之差超过平均值的 n%，输出（－1）	

续上表

序号	函数类型	函数表达式	计算说明及示例	备　注
28	均值函数	aveF(x_1,x_2,x_3,x_4,x_5,x_6,n)	(1)求六个值的平均值； (2)六个值中的最大或最小值与平均值之差超过平均值的 n%,则取中间四个值的平均值作为结果； (3)若有两个数和两个数以上与平均值之差超过平均值的 n%,输出(−1)	
29	统计函数	样本差函数 stdev(x_1,x_2,x_3…x_n)	求 n 个样本数据的标准偏差 $s=\sqrt{\frac{n\sum\bar{x}^2-(\sum x_i)^2}{n(n-1)}}$ 其中 $\bar{x}$:样本数的平均值 x_i :样本值 n :样本个数 x_i :代表单元值,单元为空时取 0	
30		个数函数 groupupnum(x_1,x_2,x_3…x_n,y) groupdownnum(x_1,x_2,x_3…x_n,y) groupnum(x_1,x_2,x_3…x_n)	groupupnum 取一组数据中大于 y 值的个数； groupdownnum 取一组数据中小于 y 值的个数； groupnum 取一组数据的个数(=n − 空或"—"单元格)	
31		最值函数 max(x_1,x_2,x_3…x_n) min(x_1,x_2,x_3…x_n)	求一组数据的最大值函数： 如:求 x_1,x_2,x_3 三个值中的最大数值。 求一组数据的最小值函数： 如:求 x_1,x_2,x_3 三个值中的最小数值	
32	时间运算函数	DayHms(x)	日换算成时、分、秒： 如:x=0.753 8 日，DayHms(x)=18 时 5 分 30 秒	时间标准格式： H:m:s 例如： 18 时 5 分 30 秒 表示为 18:05:30
33		HmsHour(x)	时、分、秒换算成时： 如:x=18 时 5 分 30 秒，HmsHour(x)=18.091 7 时	
34		HmsMnt(x)	时、分、秒换算成分： 如:x=18 时 5 分 30 秒，HmsMnt(x)=1 085.5 分	
35		Hmsscd(x)	时、分、秒换算成秒： 如:x=18 时 5 分 30 秒，HmsScd(x)=65 130 秒	日期标准格式： 年-月-日、 年/月/日、 年＊月＊日 例如： 2002-09-08、 2002/09/08、 2002＊09＊08
36		HourHms(x)	时换算成时、分、秒： 如:x=18.091 7 时，HourHms(x)=18 时 5 分 30 秒	
37		MntHms(x)	分换算成时、分、秒： 如:x=1 085.5 分，MntHms(x)=18 时 5 分 30 秒	
38		ScdHms(x)	秒换算成时、分、秒： 如:x=65 130 秒，ScdHms(x)=18 时 5 分 30 秒，18 时 5 分 30 秒表示为 18:05:30	

续上表

<table>
<tr><th>序号</th><th>函数类型</th><th>函数表达式</th><th>计算说明及示例</th><th>备 注</th></tr>
<tr><td>39</td><td rowspan="3">时间运算函数</td><td>timeadd(x_1,x_2)</td><td>日期加法运算函数：
x_1 日期，x_2 天，结果为日期加天数后的日期</td><td rowspan="3"></td></tr>
<tr><td>40</td><td>timein(x_1,x_2)</td><td>日期间隔运算函数：
x_1 日期，x_2 日期，结果为两个日期间的天数</td></tr>
<tr><td>41</td><td>timesub(x_1,x_2)</td><td>日期加运算函数：
x_1 表示日期，x_2 表示天数，结果为日期减天数后的日期。
（计算方式必须选日期运算，日期格式为 2002-09-08、2002/09/08、2002＊09＊08）</td></tr>
<tr><td>42</td><td rowspan="4">特殊工程函数</td><td>针入度指数函数
PIx(x_i,y_i,m)</td><td>$f(a_1,b_1)\sim f(c_1,d_1)$是 x_i 系列值，表示温度；
$f(a_2,b_2)\sim f(c_2,d_2)$是 y_i 系列值，表示针入度深度。
m 为 1 至 5 的正整数；
$m=1$ 时，返回相关系数 R；
$m=2$ 时，返回当针入度指数 PIlgpen；
$m=3$ 时，返回当量软化点 T800；
$m=4$ 时，返回当量脆点 T1.2；
$m=5$ 时，返回塑性温度范围 ΔT</td><td></td></tr>
<tr><td>43</td><td>初凝函数
Ts(x_i,y_i)</td><td rowspan="2">初凝函数：
Ts($f(a_1,b_1)\sim f(c_1,d_1)$，$f(a_2,b_2)\sim f(c_2,d_2)$，$f(x,y)$)
终凝函数：
Te($f(a_1,b_1)\sim f(c_1,d_1)$，$f(a_2,b_2)\sim f(c_2,d_2)$，$f(x,y)$)
前四个参数对应 $f(a_1,b_1)\sim f(c_1,d_1)$表示测试时间；后面四个对应 $f(a_2,b_2)\sim f(c_2,d_2)$表示对应时间的压力($y_i$)，$f(x,y)$表示开始时间</td><td></td></tr>
<tr><td>44</td><td>终凝函数
Te(x_i,y_i)</td><td></td></tr>
<tr><td>45</td><td>延度函数
DuctilityI(x_1,x_2,x_3)</td><td>x_1，x_2，x_3 表示延度测试值</td><td></td></tr>
<tr><td>46</td><td>修约函数</td><td>四舍六入函数
mddt(x,n)</td><td>(1)被修约的数字等于或小于 4 时，该数字舍去；
(2)被修约的数字等于或大于 6 时，则进位；
(3)被修约的数字等于 5 时，要看 5 前面的数字，若是奇数则进位，若是偶数则将 5 舍掉，即修约后末尾数字都成为偶数；若 5 的后面还有不为“0”的任何数，则此时无论 5 的前面是奇数还是偶数，均应进位。
(4)n 为计算结果保留小数位</td><td></td></tr>
</table>

续上表

<table>
<tr><th>序号</th><th>函数类型</th><th>函数表达式</th><th>计算说明及示例</th><th>备 注</th></tr>
<tr><td>47</td><td rowspan="4">修约
函数</td><td>0.5 单位修约函数
mddtC(x,n)</td><td>(1)将 x 乘以 2 得到 $2x$;
(2)将 $2x$ 按 1 位数四舍六入函数修约(修约间隔为 1)即:mddt($2x$,$n-1$);
(3)所得数值除以 2;
(4)n 为计算结果保留小数位数。
例如:将下列数字修约到个数位的 0.5 单位(或修约间隔为 0.5)。
拟修约数值 乘 2 2A 修约值 A 修约值
(修约间隔为 1) (修约间隔为 0.5)
60.25 120.50 120 60.0
60.38 120.76 121 60.5
−60.75 −121.50 −122 −61.0</td><td></td></tr>
<tr><td>48</td><td>20 单位修约函数
mddtD(x,n)</td><td>(1)将 x 乘以 5 得到 $5x$;
(2)将 $5x$ 按 3 位数四舍六入函数修约(修约间隔为 100)即:mddt($5x$/100,0)* 100 ;
(3)所得数值除以 5。
例:将下列数字修约到 20 单位(修约间隔为 20)。
拟修约数值 乘 5 5A 修约值 A 修约值
(修约间隔为 100) (修约间隔为 20)
830 4 150 4 200 840
842 4 210 4 200 840
−930 −4 650 −4 600 −920
n 为小数点后保持零的个数</td><td></td></tr>
<tr><td>49</td><td>不连续修约
mddtE(x,n)</td><td>(1)将 x 按四舍六入函数 mddt(x)修约;
(2)若修约值最右非零数为 5 时,原数值比修约值 x 大的修约值后加(+);原数值比修约值 x 小的修约值后加(−);
(3)否则不加任何符号;
(4)n 为计算结果保留小数位数。
例如:
原数值 修约值
15.454 6 15.5(−)
16.520 3 16.5(+)
17.500 0 17.5</td><td></td></tr>
<tr><td>50</td><td>固定位数修约函数
mddtG(x,n)</td><td>x 为被修约的数值,n 为保留位数:
(1)若 x 无小数位,不变(与 n 值无关);
(2)若 x 位数>n 时且有小数位,去掉小数位保留 n 位;
(3)若 x 位数>n 时,去掉全部小数位仍然>n 位时保留整数位。
例如: 原数值 修约值
175 175(n=3)
345.66 345(n=2)
137 137(n=5)</td><td></td></tr>
</table>

续上表

<table>
<tr><th>序号</th><th>函数类型</th><th>函数表达式</th><th>计算说明及示例</th><th>备 注</th></tr>
<tr><td>51</td><td rowspan="2">字符运算函数</td><td>字符加运算函数 SStringAdd(x_1,x_2.…x_n)</td><td>x_1,x_2 代表字符,运算结果为两个字符相连接,x_2 连接在 x_1 后。例如:x_1 =“BB”,x_2 =“CC”,x_3 =“dd”SStringAdd(x_1,x_2,x_3)=“BBCCdd”。</td><td rowspan="2">x_n 代表单元格 $f(x_n, y_n)$</td></tr>
<tr><td>52</td><td>矩形区域内的字符串和 sumstring(x_1,x_2,x_3,x_4;z)</td><td>z 是字符串,求单元 $f(x_1, x_2)$ 到 $f(x_3, x_4)$ 矩形区域单元等于 z 的单元个数。</td></tr>
</table>

备注:1. 用“～”代替“°”(度)。
2. 函数可以多级嵌套。
3. 参加计算的单元只要有一个为“—”,运算结果为“—”。

附 录 B

试验检测记录表/报告目录

序号	项目	记录表名称	参 数 号	记录表号	报告名称及编号
一、建筑材料					
1-1	土	土的颗粒分析试验检测记录表(筛分法)	JJ0101	JJ0101a	土工试验检测报告(一)JB 010101 土工试验检测报告(二)JB 010103 土的承载比(CBR)试验检测报告 JB 010106
		土的颗粒分析试验检测记录表(密度计法)	JJ0101	JJ0101b	
		土的界限含水率试验检测记录表(液塑限联合测定仪法)	JJ0102	JJ0102a	
		土的击实试验检测记录表	JJ0103、JJ0104	JJ0103	
		土的相对密度、烧失量、有机质、含水率、密度含量试验检测记录表	JJ0116、JJ0113、JJ0114	JJ0106	
		土的回弹模量试验检测记录表(承载板法、强度仪法)	JJ0108	JJ0108	
		土的自由膨胀率试验检测记录表	JJ0112	JJ0112	
		土的承载比(CBR)试验检测记录表(一)	JJ0105	JJ0105a	
		土的承载比(CBR)试验检测记录表(二)	JJ0105	JJ0105b	
		土的承载比(CBR)试验检测记录表(三)	JJ0105	JJ0105c	
		土的无侧限抗压强度试验检测记录表	JJ0117	JJ0117	
		砂的相对密实度试验检测记录表	JJ0118	JJ0118	
1-2	水	混凝土拌和用水试验检测记录表	JJ0601、JJ0602、JJ0606、JJ0607、JJ0608	JJ0601a	混凝土拌和用水试验检测报告 JB 010601
1-3	粗集料	粗集料筛分试验检测记录表(干筛法)	JJ0201	JJ0201a	粗集料试验检测报告(一)JB 010201 粗集料试验检测报告(二)JB 010202
		粗集料筛分试验检测记录表(水筛法)	JJ0201	JJ0201b	
		粗集料含泥量泥块含量、针片状含量、压碎值试验检测记录表(国标)	JJ0215、JJ0202、JJ0203	JJ0202a	
		粗集料含泥量泥块含量、针片状含量、压碎值试验检测记录表(行标)	JJ0215、JJ0202、JJ0203	JJ0202b	

续上表

序号	项目	记录表名称	参 数 号	记录表号	报告名称及编号
1-3	粗集料	粗集料堆积密度、空隙率试验检测记录表(国标)	JJ0209	JJ0209a	
		粗集料堆积密度、空隙率试验检测记录表(行标)	JJ0209	JJ0209b	
		粗集料坚固性、软弱颗粒试验检测记录表	JJ0210、JJ0212	JJ0210	
		粗集料密度及吸水率试验检测记录表(网篮法)	JJ0209、JJ0208	JJ0208a	
		粗集料磨光值试验检测记录表	JJ0205	JJ0205	
		粗集料磨耗值试验检测记录表(洛杉矶法)	JJ0204、JJ0219	JJ0204	
		集料碱活性试验检测记录表(砂浆长度法)	JJ0211	JJ0211	
1-4	细集料	细集料筛分试验检测记录表(干筛法)	JJ0201	JJ0201c	细集料试验检测报告(一)JB 010203 细集料试验检测报告(二)JB 010204
		细集料筛分试验检测记录表(水洗法)	JJ0201	JJ0201c	
		细集料含泥量、泥块含量、含水率、砂当量、有机质试验检测记录表	JJ0206、JJ0214、JJ0207、JJ0216	JJ0206	
		细集料密度、吸水率试验检测记录表(坍落筒法)	JJ0208	JJ0208c	
		细集料表观密度试验检测记录表(容量瓶法)	JJ0209	JJ0209b	
		细集料堆积密度、紧装密度及空隙率试验检测记录表	JJ0209	JJ0209d	
		细集料棱角性、压碎值试验检测记录表	JJ0213	JJ0213	
		细集料有亚甲蓝、三氧化硫、坚固性试验检测记录表	JJ0217、JJ0210	JJ0217	
		细集料氯离子含量试验检测记录表	JJ0220	JJ0220	
1-5	岩石	石料单轴抗压强度试验检测记录表(立方体)	JJ0301	JJ0301a	岩石试验检测报告 JB 010301
		石料单轴抗压强度试验检测记录表(圆柱体)	JJ0301	JJ0301b	
		石料密度试验检测记录表	JJ0304	JJ0304	
		石料抗冻性试验检测记录表(直接冻融法)	JJ0302	JJ0302	
		石料吸水率试验检测记录表	JJ0306	JJ0306	
1-6	石灰	石灰试验检测记录表	JJ0705	JJ0705	石灰试验检测报告 JB 010701

续上表

序号	项目	记录表名称	参数号	记录表号	报告名称及编号
1-7	粉煤灰	用于水泥和混凝土中的粉煤灰试验检测记录表	JJ0706	JJ0706	粉煤灰性能试验检测报告 JB 010702
		路基路面用粉煤灰性能试验检测记录表	JJ0716	JJ0716	
1-8	矿渣粉	用于水泥和混凝土中的矿渣粉性能试验检测记录表	JJ0717	JJ0717	矿渣粉性能试验检测报告 JB 010403
		用于水泥和混凝土中的粒化高炉矿渣粉活性指数试验检测记录表	JJ0718	JJ0718	
1-9	矿粉	矿粉密度、亲水系数、安定性试验检测记录表	JJ0401	JJ0401c	矿粉性能试验检测报告 JB 010404
		矿粉筛分、安定性试验检测记录表	JJ0201	JJ0201e	
		矿粉塑性指数试验检测记录表(液塑限联合测定仪法)	JJ0102	JJ0102e	
1-10	水泥	水泥物理性能试验检测记录表	JJ0401、JJ0402、JJ0403、JJ0404、JJ0405、JJ0407、JJ0411	JJ0401a	水泥性能试验检测报告 JB 010401 水泥化学成分试验检测报告 JB 010402
		水泥胶砂流动度、强度试验检测记录表	JJ0406	JJ0406	
		水泥化学成分试验检测记录表	JJ0408、JJ0409、JJ0410	JJ0408	
1-11	水泥混凝土	水泥混凝土拌和物稠度、表观密度试验检测记录表	JJ0505	JJ0505	混凝土拌和物试验检测报告 JB 010501 水泥混凝土抗压强度试验检测报告(立方体)JB 010502 水泥混凝土轴心抗压强度试验检测报告(圆柱体)JB 010503 水泥混凝土轴心抗压强度试验检测报告(棱柱体)JB 010504 水泥混凝土抗弯拉强度试验检测报告 JB 010505 水泥混凝土劈裂抗拉强度试验检测报告 JB 010506
		水泥混凝土拌和物泌水率试验检测记录表	JJ0510	JJ0510	
		水泥混凝土凝结时间试验检测记录表	JJ0507	JJ0507a	
		水泥混凝土拌和物含气量试验检测记录表(混合式气压法)	JJ0506	JJ0506	
		水泥混凝土抗压强度试验检测记录表(立方体)	JJ0501	JJ0501a	
		水泥混凝土轴心抗压强度试验检测记录表(圆柱体)	JJ0501	JJ0501b	
		水泥混凝土棱柱体轴心抗压强度试验检测记录表	JJ0501	JJ0501d	
		水泥混凝土抗弯拉强度试验检测记录表	JJ0502	JJ0502	
		水泥混凝土劈裂抗拉强度试验检测记录表	JJ0511	JJ0511	
		水泥混凝土抗压弹性模量试验检测记录表(棱柱体)	JJ0503	JJ0503	
		水泥混凝土抗弯拉弹性模量试验检测记录表	JJ0512	JJ0512	
		水泥混凝土抗渗试验检测记录表	JJ0508	JJ0508	

续上表

序号	项目	记录表名称	参数号	记录表号	报告名称及编号
1-11	水泥混凝土	水泥混凝土抗冻性试验检测记录表(快冻法)	JJ0513	JJ0513	水泥混凝土抗压弹性模量试验检测报告(棱柱体)JB 010507 水泥混凝土抗弯拉弹性模量试验检测报告 JB 010508 水泥混凝土抗渗试验检测报告 JB 010509 水泥混凝土抗冻性试验检测报告(快冻法)JB 010510 水泥混凝土干缩性试验检测报告 JB 010511 水泥混凝土配合比设计报告 JB 030501
		水泥混凝土收缩率试验检测记录表	JJ0517	JJ0517	
		水泥混凝土配合比设计试验检测记录表	JJ0504	JJ0504a	
1-12	砂浆	水泥砂浆稠度、保水性、表观密度试验检测记录表	JJ0515	JJ0515	砂浆试验检测报告 JB 010512 砂浆配合比设计检测报告 JB 030502
		砂浆凝结时间试验检测记录表	JJ0507	JJ0507b	
		砂浆立方体抗压强度试验检测记录表	JJ0501	JJ0501c	
		砂浆配合比设计试验检测记录表	JJ0504	JJ0504b	
1-13	外加剂	外加剂混凝土拌和物配比信息试验检测记录表	JJ0613	JJ0613	外加剂性能试验检测报告 JB 010601 外加剂匀质性能试验检测报告 JB 010602
		外加剂减水率、泌水率比、凝结时间差试验检测记录表	JJ0603、JJ0604、JJ0610	JJ0603	
		外加剂匀质性试验检测记录表	JJ0612、JJ0601	JJ0601b	
		外加剂拌和物含气量试验检测记录表(混合式气压法)	JJ0609	JJ0609	
		外加剂抗压强度比、收缩率比试试验检测记录表	JJ0605	JJ0605	
1-14	压浆材料	孔道压浆材料性能试验检测记录表	JJ1501	JJ1501	压浆材料试验检测报告 JB 011501
1-15	沥青	沥青针入度(针入度指数)、延度、软化点试验检测记录表	JJ0802、JJ0803、JJ0804、JJ0805	JJ0802	沥青试验检测报告 JB 010801 乳化沥青试验检测报告 JB 010802 改性沥青试验检测报告 JB 010803
		沥青溶解度、密度、蜡含量试验检测记录表	JJ0827、JJ0801、JJ0809	JJ0801	
		沥青粘度试验检测记录表	JJ0811	JJ0811	
		沥青闪燃点、含水量、黏附性试验检测记录表	JJ0808、JJ0810	JJ0808	

续上表

序号	项目	记录表名称	参数号	记录表号	报告名称及编号
1-15	沥青	沥青黏韧性试验检测记录表	JJ0818	JJ0818	沥青薄膜(旋转薄膜)加热试验检测报告 JB 010804 沥青抗剥落剂性能评价试验检测报告 JB 010805
		乳化沥青储存稳定性、低温储存稳定性试验检测记录表	JJ0819	JJ0819	
		乳化沥青筛上剩余量、黏附性、破乳速度及离子电荷试验检测记录表	JJ0820	JJ0820	
		改性沥青离析、弹性恢复试验检测记录表	JJ0813	JJ0813	
		沥青薄膜(旋转薄膜)加热试验检测记录表	JJ0806	JJ0806	
		沥青抗剥落性能评价试验检测记录表	JJ0833	JJ0833	
1-16	沥青混合料	压实沥青混合料密度试验检测记录表(表干法)	JJ0902	JJ0902a	沥青混合料试验检测报告(一)JB 010901 沥青混合料试验检测报告(二)JB 010902 沥青混合料旋转压实试验检测报告 JB 010903
		压实沥青混合料密度试验检测记录表(水中重法)	JJ0902	JJ0902b	
		压实沥青混合料密度试验检测记录表(蜡封法)	JJ0902	JJ0902c	
		压实沥青混合料密度试验检测记录表(体积法)	JJ0902	JJ0902d	
		沥青混合料理论最大相对密度试验检测记录表(真空法)	JJ0907	JJ0907	
		沥青混合料马歇尔试验检测记录表(芯样)	JJ0903	JJ0903a	
		沥青混合料浸水马歇尔试验检测记录表	JJ0903	JJ0903b	
		沥青混合料单轴压缩试验检测记录表(圆柱体)	JJ0917	JJ0917	
		沥青混合料弯曲试验记录检测表记录表	JJ0911	JJ0911	
		沥青混合料旋转压实试验检测记录表	JJ0916	JJ0916	
		沥青混合料沥青含量试验检测记录表(离心分离法)	JJ0909	JJ0909a	
		沥青混合料沥青含量试验检测记录表(燃烧法)	JJ0909	JJ0909b	
		沥青混凝土矿质混合料级配组成试验检测记录表	JJ0910	JJ0910	
		沥青混合料中沥青用量选定图	JJ0915	JJ0915	
		沥青混合料车辙试验检测记录表	JJ0908	JJ0908	
		车辙试件密度试验检测记录表(表干法)	JJ0902	JJ0902e	
		沥青混合料冻融劈裂试验检测记录表	JJ0912	JJ0912	
		沥青混合料肯塔堡飞散、谢伦堡沥青析漏试验检测记录表	JJ0913	JJ0913	

续上表

序号	项目	记录表名称	参数号	记录表号	报告名称及编号
1-17	无机结合料稳定材料	无机结合料稳定土的击实试验检测记录表	JJ0701	JJ0701a	无机结合料稳定材料试验检测报告 JB 010703 无机结合料灰剂量试验检测报告(EDTA)JB 010706 水泥(石灰)稳定碎石灰剂量标准曲线、级配组成试验检测报告 JB 010705 水泥(石灰、粉煤灰)稳定碎石矿料配比试验检测报告 JB 030706 水泥(石灰、粉煤灰)稳定碎石灰剂量、级配试验检测报告 JB 010707 无机结合料稳定土的承载比(CBR)试验检测报告 JB 010708
		无机结合料稳定土的振动压实试验检测记录表	JJ0701	JJ0701b	
		无机结合料稳定土的间接抗拉强度试验检测记录表(劈裂)	JJ0710	JJ0710	
		无机结合料稳定土无侧限抗压强度试验检测记录表	JJ0703	JJ0703	
		水泥或石灰稳定土中水泥或石灰剂量的测定记录表(EDTA 滴定法)	JJ0704	JJ0704	
		水泥(石灰、粉煤灰)稳定碎石混合料灰剂量及级配试验检测记录表	JJ0711	JJ0711	
		水泥(石灰、粉煤灰)稳定土中灰剂量—最大干密度标准曲线图	JJ0712	JJ0712	
		水泥(石灰、粉煤灰)稳定土中水泥(石灰)剂量—EDTA 标准曲线图	JJ0713	JJ0713	
		石灰稳定土中石灰剂量的衰减曲线记录表	JJ0714	JJ0714	
		水泥(石灰、粉煤灰)稳定碎石矿料配比试验检测记录表	JJ0715	JJ0715	
		无机结合料的承载比(CBR)试验检测记录表(一)	JJ0716	JJ0716a	
		无机结合料的承载比(CBR)试验检测记录表(二)	JJ0716	JJ0716b	
		无机结合料的承载比(CBR)试验检测记录表(三)	JJ0716	JJ0716c	
1-18	土工合成材料	土工合成材料物理性能试验检测记录表	JJ1305	JJ1305	土工合成材料试验检测报告(非织造土工布)JB 011301 土工合成材料试验检测报告(织造土工布)JB 011302
		土工合成材料宽条拉伸试验检测记录表	JJ1301	JJ1301a	
		土工合成材料接头、接缝宽条拉伸试验检测记录表	JJ1312	JJ1312	
		土工合成材料条带拉伸试验检测记录表	JJ1301b	JJ1301b	
		土工格栅粘焊点极限剥离力试验检测记录表	JJ1313	JJ1313	
		土工织物梯形撕破强力试验检测记录表	JJ1303	JJ1303	
		土工合成材料 CBR 顶破强力试验检测记录表	JJ1304	JJ1304	
		土工合成材料刺破强力试验检测记录表	JJ1308	JJ1308	

续上表

序号	项目	记录表名称	参数号	记录表号	报告名称及编号
1-18	土工合成材料	土工合成材料落锥穿透试验检测记录表	JJ1310	JJ1310	土工合成材料试验检测报告(土工格栅)JB 011303 土工合成材料试验检测报告(塑料排水板)JB 011304
		土工合成材料垂直渗透性能试验检测记录表(恒水头法)	JJ1307	JJ1307	
		土工合成材料有效孔径试验检测记录表(干筛法)	JJ1309	JJ1309	
		塑料排水板纵向通水量试验检测记录表	JJ1311	JJ1311	
		塑料排水板物理性能试验检测记录表	JJ1312	JJ1312	
		塑料排水板滤膜抗拉强度试验检测记录表	JJ1313	JJ1313	
		塑料排水板复合体抗拉强度试验检测记录表	JJ1314	JJ1314	
1-19	修补材料	修补材料抗折、抗压、抗拉强度试验检测记录表	JJ1601	JJ1601	修补材料试验检测报告 JB 011601
		修补材料黏结强度、抗压强度(芯样)试验检测记录表	JJ1602	JJ1602	
		修补材料与基材黏结正拉黏结强度试验检测记录表	JJ1603	JJ1603	
1-20	砖	砖抗压强度试验检测记录表	JJ1701	JJ1701	烧结砖试验检测报告 JB 011701 混凝土多孔砖试验检测报告 JB 011702
		砖抗折强度试验检测记录表	JJ1702	JJ1702	
		砖吸水率、抗冻性、泛霜、石灰爆裂试验检测记录表	JJ1703	JJ1703	
		砖尺寸偏差试验检测记录表	JJ1704	JJ1704	
		砖外观质量试验检测记录表	JJ1705	JJ1705	
		混凝土多孔砖尺寸偏差试验检测记录表	JJ1706	JJ1706	
		混凝土多孔砖外观质量试验检测记录表	JJ1707	JJ1707	
		混凝土多孔砖抗压强度试验检测记录表	JJ1708	JJ1708	
		混凝土多孔砖孔洞、收缩率、抗渗试验检测记录表	JJ1709	JJ1709	
		混凝土多孔砖含水率、抗冻性试验检测记录表	JJ1710	JJ1710	
1-21	砌块	砌块抗压强度、体积密度试验记录表	JJ1801	JJ1801	砌块试验检测报告 JB 011801
		砌块尺寸偏差试验检测记录表	JJ1802	JJ1802	
		砌块外观质量试验检测记录表	JJ1803	JJ1803	

续上表

序号	项目	记录表名称	参数号	记录表号	报告名称及编号
1-21	砌块	砌块抗压强度、抗冻性、吸水率、抗渗性试验检测记录表	JJ1804	JJ1804	
		砌块干燥收缩率、密度、空心率试验检测记录表	JJ1805	JJ1805	
		砌块软化系数、碳化系数试验检测记录表	JJ1806	JJ1806	
1-22	钢材（钢筋、型材、焊接件和连接件）	钢筋力学性能试验记录表	JJ1001a	JJ1001a	钢筋原材试验检测报告 JB 011001 钢筋焊接接头试验检测报告 JB 011002 钢筋机械接头试验检测报告 JB 011003 钢筋焊接网试验检测报告 JB 011004 钢材反向弯曲试验检测报告 JB 011005
		钢筋焊接接头试验检测记录表	JJ1001	JJ1001b	
		钢筋机械接头试验检测记录表	JJ1001	JJ1001c	
		钢筋焊接网试验检测记录表	JJ1001	JJ1001d	
		钢材反向弯曲性能试验检测记录表	JJ1005	JJ1005	
		钢筋尺寸及重量偏差试验检测记录表	JJ1006	JJ1006	
1-23	预应力钢材（钢棒、钢绞线）	预应力钢绞线力学性能试验检测记录表	QJ0501	QJ0501a	预应力钢材（钢绞线、钢棒）试验检测报告 QB010501
		预应力钢棒力学性能试验检测记录表	QJ0501b	QJ0501b	
		预应力钢绞线疲劳性能试验检测记录表	QJ0513	QJ0513a	
		预应力钢棒疲劳性能试验检测记录表	QJ0513	QJ0513b	
1-24	预应力筋用锚具、夹具和连接器	金属洛氏硬度试验检测记录表	QJ0508	QJ0508	金属洛氏硬度试验检测报告 QB010504a 金属布氏硬度试验检测报告 QB010504b 预应力组件锚固性能试验检测报告 QB010503
		金属布氏硬度试验检测记录表	QJ0512	QJ0512	
		预应力筋—锚具组装件静载试验检测记录表（行标）	QJ0506	QJ0506a	
		预应力筋—锚具组装件静载试验检测记录表（国标）	QJ0506	QJ0506b	
1-25	高强螺栓及连接副	高强度螺栓连接摩擦面抗滑移系数试验检测记录表	QJ0909	QJ0909	高强螺栓及连接副试验检测报告 QB010903
		扭剪型高强度螺栓连接副预拉力试验检测记录表	QJ0910	QJ0910	
		高强度螺栓扭矩系数试验检测记录表	QJ0903	QJ0903	
		高强度螺栓拉力荷载试验检测记录表	QJ0913	QJ0913	

续上表

序号	项目	记录表名称	参　数　号	记录表号	报告名称及编号
1-26	桥梁支座	橡胶支座外观质量、内在质量试验检测记录表	QJ0601	QJ0601	板式橡胶支座试验检测报告 QB010601 球型橡胶支座试验检测报告 QB010602 盆式橡胶支座试验检测报告 QB010603
		橡胶支座抗压弹性模量试验检测记录表	QJ0603	QJ0603	
		橡胶支座抗剪弹性模量试验检测记录表	QJ0604	QJ0604	
		橡胶支座摩擦系数试验检测记录表	QJ0609	QJ0609	
		橡胶支座极限抗压试验检测记录表	QJ0605	QJ0605	
		橡胶支座抗剪老化试验检测记录表	QJ0607	QJ0607	
		球式支座竖向承载力试验检测记录表	QJ0608	QJ0608a	
		盆式支座竖向承载力试验检测记录表	QJ0608	QJ0608b	
1-27	波纹管	波纹管外观质量、尺寸偏差试验检测记录表	QJ0801	QJ0801	预应力金属波纹管试验检测报告 QB010801 塑料波纹管试验检测报告 QB010802
		塑料波纹管试验检测记录表(圆形)	QJ0803	QJ0803a	
		预应力金属波纹管试验检测记录表(圆形)	QJ0807	QJ0807a	
		预应力金属波纹管试验检测记录表(扁形)	QJ0807	QJ0807b	
二、结构与构件					
2-1	结构混凝土	混凝土强度试验检测记录表(回弹法)	QJ0101a	QJ0101a	混凝土强度试验检测报告(回弹法) QB020101 混凝土强度试验检测报告(超声回弹综合法)QB020102 混凝土结构钢筋保护层厚度试验检测报告 QB020104 钢筋半电池电位试验检测报告 QB020106 混凝土电阻率试验检测报告 QB020107
		混凝土强度试验检测试验检测记录表(超声—回弹法)	QJ0101	QJ0101b	
		超声—回弹综合法检测混凝土强度计算表	QJ0109	QJ0109	
		混凝土抗压强度试验检测记录表(取芯法)	QJ0101	QJ0101c	
		混凝土结构钢筋保护层厚度试验检测记录表	QJ0103	QJ0103	
		钢筋半电池电位试验检测记录表	QJ0105	QJ0105	
		混凝土电阻率试验检测记录表	QJ0107	QJ0107	
2-2	桥梁结构及构件	桥梁应力应变测试检测记录表(静态)	QJ0201a	QJ0201a	桥梁应力应变测试试验检测报告 QB020202 桥梁索力测试试验检测报告 QB020205 桥梁结构检查试验检测报告(一) QB020213 桥梁结构检查试验检测报告(二) QB020214
		桥梁索力试验检测记录表	QJ0205	QJ0205	
		桥梁检查试验检测记录表(一)	QJ0212	QJ0212	
		桥梁检查试验检测记录表(二)	QJ0213	QJ0213	

续上表

序号	项目	记录表名称	参 数 号	记录表号	报告名称及编号
2-3	水工结构及构件	混凝土砂浆中氯离子总含量试验检测记录表	QJ0106	QJ0106	混凝土耐久性试验检测报告 QB010108 混凝土抗氯离子渗透试验检测报告(通电量)QB010109 混凝土抗氯离子渗透试验检测报告(扩散系数)QB010110
		混凝土抗氯离子渗透试验检测记录表(电通量)	QJ0108	QJ0108	
		混凝土抗氯离子渗透试验检测记录表(扩散系数)	QJ0109	QJ0109	
		混凝土氯离子扩散深度试验检测记录表	QJ0110	QJ0110	
2-4	钢结构	焊缝探伤试验记录检测表(超声波)	QJ0904	QJ0904a	钢结构焊缝探伤试验检测报告(超声波探伤)QB020904
		焊缝探伤试验检测记录表(磁粉)	QJ0904	QJ0904b	钢结构焊缝探伤试验检测报告(磁粉)QB020905
		钢结构涂层厚度试验检测记录表	QJ0902	QJ0902	钢结构涂层厚度试验检测报告 QB020902
		钢结构漆膜粗糙度试验检测记录表	QJ0905	QJ0905	钢结构漆膜粗糙度试验检测报告 QB020908
		钢结构涂膜附着力试验检测记录表	QJ0906	QJ0906	钢结构涂膜附着力试验检测报告 QB020909
		钢结构保护电位试验检测记录表	QJ0907	QJ0907	钢结构保护电位试验检测报告 QB020910
		钢材厚度试验检测记记录表	QJ0908	QJ0908	钢材厚度试验检测报告 QB020911
2-5	砌体结构	砌体工程检试验检测记录表	JJ1901	JJ1901	砌体结构试验检测报告 JB 011901
2-6	伸缩缝	桥梁伸缩缝试验检测记录表	QJ1001	QJ1001	伸缩缝试验检测报告 QB020212
三、地基基础					
3-1	基桩	基桩低应变、高应变试验检测记录表	QJ0304	QJ0304a	基桩完整性试验检测报告(反射波法)QB020306 基桩完整性试验检测报告(超声波法)QB020305 基桩完整性试验检测报告(钻芯法)QB020307
		基桩完整性试验检测记录(钻芯法)	QJ0304	QJ0304b	
		基桩承载力试验检测记录表(轴向抗拔)	QJ0305	QJ0305a	

续上表

序号	项目	记录表名称	参数号	记录表号	报告名称及编号
3-1	基桩	基桩承载力试验检测记录表(竖向静载)	QJ0305	QJ0305b	基桩承载力试验检测报告(轴向抗拔)QB020310 基桩承载力试验检测报告(竖向静载)QB020311
3-2	地基	地基承载力试验检测记录表(承载板法)	QJ0301	QJ0301a	地基承载力试验检测报告(回弹模量)QB020301 地基分层沉降试验检测报告QB020304 地基倾斜试验检测报告(深层水平位移)QB020311 结构物倾斜观测试验检测报告QB020312 地基孔隙水压力试验检测报告QB020313 地基土压力试验检测报告 QB020314 地基水平位移试验检测报告 QB020315
		地基承载力试验检测记录表(动力触探法)	QJ0301	QJ0301b	
		地基承载力试验检测记录表(静力触探法)	QJ0301	QJ0301c	
		分层沉降观测记录表	QJ0302	QJ0302	
		地基深层水平位移观测记录表	QJ0303	QJ0303	
		结构物倾斜观测记录表	QJ0310	QJ0310	
		孔隙水压力试验检测记录表	QJ0311	QJ0311	
		地基土压力试验检测记录表	QJ0312	QJ0312	
		水平位移观测记录表(小角度法)	QJ0313	QJ0313	
3-3	钻(挖)桩成孔(槽)质量	成孔成槽参数试验检测记录表	QJ0307	QJ0307	成孔成槽质量试验检测报告QB020309
3-4	泥浆	泥浆性能试验检测记录表	QJ0308	QJ0308	泥浆试验检测报告 QB020308
3-5	锚杆	锚杆/植筋拉拔试验试验检测记录表	QJ1002	QJ1002	锚杆/植筋拉拔试验检测报告QB021002

续上表

序号	项目	记录表名称	参数号	记录表号	报告名称及编号
四、公路工程					
4-1	路基路面现场检测	沥青混凝土路面厚度试验检测记录表(挖坑或钻芯法)	JJ1401	JJ1401	路基路面厚度试验检测报告 JB 021401 路基、基层、底基层压实度度试验检测报告(灌砂法)JB 021402 沥青面层压实度试验检测报告(取芯法)JB 021412 路基路面平整度试验检测报告(三米直尺法)JB 021403 路基路面平整度试验检测报告(车载激光仪法)JB 021413 路基路面平整度试验检测报告(连续平整度法)JB 021414 路基路面回弹弯沉试验检测报告(贝克曼梁法)JB 021405 路基路面构造深度试验检测报告(手工铺砂法)JB 021416 路基压实度试验检测报告(环刀法)JB 021417 路面抗滑值试验检测报告(摆式仪法)JB 021418 沥青路面渗水系数试验检测报告 JB 021408 路基路面几何尺寸试验检测报告 JB 021419 路基路面中线偏位试验检测报告(坐标法)JB 021420 土基 CBR 值试验检测报告(贯入法)JB 021421 土基 CBR 值试验检测报告(动力锥贯入仪法)JB 021422
		路基路面平整度试验检测记录表(三米直尺法)	JJ1403	JJ1403a	
		路基路面平整度试验检测记录表(连续平整度法)	JJ1403	JJ1403b	
		路基路面平整度试验试验检测记录表(车载激光平整度仪法)	JJ1403	JJ1403c	
		贝克曼梁测定路基路面回弹弯沉试验试验检测记录表	JJ1405	JJ1405	
		路基路面构造深度试验试验检测记录表(手工铺砂法)	JJ1406	JJ1406a	
		路基压实度试验试验检测记录表(灌砂法)	JJ1402	JJ1402a	
		路基压实度试验检测记录表(环刀法)	JJ1402	JJ1402b	
		基层压实度试验检测记录表(灌砂法)	JJ1402	JJ1402f	
		路面抗滑值试验试验检记录表(摆式仪法)	JJ1407	JJ1407	
		沥青路面渗水试验检测记录表	JJ1408	JJ1408	
		路基路面几何尺寸试验检测记录表	JJ1410	JJ1410c	
		路基路面中线偏位试验检测记录表(坐标法)	JJ1418	JJ1418	
		土基 CBR 值试验检测记录表(贯入法)	JJ1412	JJ1412	
		土基 CBR 值试验检测记录表(动力锥贯入仪)	JJ1413	JJ1413	
		土基回弹模量试验记录表(承载板法)	JJ1404	JJ1404	

续上表

序号	项目	记录表名称	参数号	记录表号	报告名称及编号
4-1	路基路面现场检测	边坡坡度现场试验检测记录表(坡度)	JJ1414	JJ1414a	土基回弹模量试验检测报告(承载板法)JB 021423 边坡坡度试验检测报告(坡度)JB 021424 边坡坡度试验检测报告(高差)JB 021425 沥青混合料温度试验检测报告(现场)JB 021426 施工沥青用量试验检测报告(喷洒法)JB 021427
		边坡坡度现场试验检测记录表(高差)	JJ1414	JJ1414b	
		沥青混合料温度试验检测记录表	JJ1415	JJ1415	
		沥青喷洒法施工沥青用量试验试验检测记录表	JJ1416	JJ1416	
4-2	通信管道	塑料通信管道试验检测记录表(硅芯管)	AJ0626	AJ0626	塑料通信管道试验检测报告(硅芯管)AB010616
4-3	交通标志	反光膜试验试验检测记录表	AJ0603	AJ0603	反光膜试验试验检测报告 AB010602 交通标志试验检测报告 AB010603 交通标志安装试验检测报告 AB020602
		交通标志安装试验试验检测记录表	AJ0604	AJ0604	
		交通标志试验检测记录表	AJ0605	AJ0605	
4-4	路面标线	路面标线涂料试验检测记录表	AJ0606	AJ0606	路面标线涂料试验检测报告 AB010604 路面标线施工质量试验检测报告 AB020603 路面标线涂料试验检测报告(玻璃珠)AB010605
		路面标线施工质量试验检测记录表	AJ0607	AJ0607	
		路面标线涂料试验检测记录表(玻璃珠)	AJ0609	AJ0609	
4-5	突起路标	突起路标试验检测记录表	AJ0611	AJ0611	突起路标试验检测报告 AB010606
4-6	护栏	波形梁钢护栏试验检测记录表(波形梁)	AJ0602	AJ0602a	波型梁钢护栏试验检测报告(波形梁)AB010601 波型梁钢护栏试验检测报告(立柱)AB010617
		波形梁钢护栏试验检测记录表(立柱)	AJ0602	AJ0602b	
		波形梁钢护栏安装试验检测记录表(波形梁板厚度)	AJ0601	AJ0601a	

续上表

序号	项目	记录表名称	参 数 号	记录表号	报告名称及编号
4-6	护栏	波形梁钢护栏安装试验检测记录表(横梁中心高度)	AJ0601	AJ0601b	波型梁钢护栏安装试验检测报告(波形梁板厚度)AB020601 波型梁钢护栏安装试验检测报告(横梁中心高度)AB020611 波型梁钢护栏安装试验检测报告(立柱厚度)AB020612
		波形梁钢护栏安装试验检测记录表(立柱厚度)	AJ0601	AJ0601c	
4-7	隔离栅	隔离栅试验检测记录表	AJ0615	AJ0615	隔离栅试验检测报告 AB010608
五、水运工程					
5-1	水运工程现场检测	表面平整度试验检测记录表	JJ2001	JJ2001	表面平整度试验检测报告 JB 022001 沉降缝与变形缝试验检测报告 JB 022002 挡土墙外形尺寸试验检测报告 JB 022003 导线测量试验检测报告 JB 022004 结构竖直度试验检测报告 JB 022005 裂缝试验检测报告 JB 022006 码头护轮坎试验检测 JB 022007 码头轨道安装试验检测报告(轨距)JB 022008 码头整体尺寸试验检测记报告 JB 022009 闸门安装工程试验检测报告(门头跳量)JB 022010 相邻段错牙试验检测报告 JB 022011 构造物位置测量试验检测报告 JB 022012 船闸人字门安装工程试验检测报告 JB 022013 船闸阀门安装工程试验检测报告 JB 022014
		沉降缝与变形缝试验检测表	JJ2002	JJ2002	
		挡土墙外形尺寸试验检测记录表	JJ2003	JJ2003	
		导线测量试验检测记录表	JJ2004	JJ2004	
		构件尺寸试验检测记录表	JJ2005	JJ2005	
		结构竖直度试验检测记录表	JJ2006	JJ2006	
		裂缝试验检测记录表	JJ2007	JJ2007	
		码头护轮坎试验检测记录表	JJ2008	JJ2008	
		码头轨道安装试验检测记录表(轨距)	JJ2009	JJ2009	
		码头整体尺寸试验检测记录表	JJ2010	JJ2010	
		闸门安装工程试验检测记录表(门头跳量)	JJ2011	JJ2011	
		相邻段错牙试验检测记录表	JJ2012	JJ2012	
		位置测量记录表	JJ2013	JJ2013	
		船闸人字门安装工程试验检测记录表	JJ2014	JJ2014	
		船闸阀门安装工程试验检测记录表	JJ2015	JJ2015	

续上表

序号	项目	记录表名称	参数号	记录表号	报告名称及编号
六、隧道工程					
6-1	隧道工程现场检测	隧道断面尺寸试验检测记录表	QJ1001	QJ1001	隧道试验检测报告 QB021001
		隧道断面轮廓试验检测记录表	QJ1002	QJ1002	
		隧道锚杆拉力试验检测记录表	QJ1003	QJ1003	
		隧道支护/衬砌厚度、背后空洞试验检测记录表	QJ1005	QJ1005	
		隧道地质雷达试验检测记录表	QJ1006	QJ1006	
		拱顶下沉观测记录表(全站仪)	QJ1007	QJ1007	
		隧道周边位移量测记录表(收敛计法)	QJ1008	QJ1008	
		隧道围岩内部位移试验检测记录表	QJ1009	QJ1009	
		隧道围岩与初支间、初支与二衬间压力试验检测记录表	QJ1010	QJ1010	
		钢支撑应力试验检测记录表	QJ1011	QJ1011	
		隧道锚杆轴力试验检测记录表	QJ1012	QJ1012	
七、铁路土建工程(参照铁路系统《铁路建设项目工程试验室管理标准》(TB 10442—2009)编制试验检测记录表/报告)					
八、民航土建工程					
8-1	民航土建工程现场检测	地基承载力试验检测记录表(动力触探法)	JJ2201	JJ2201	地基承载力试验检测报告(动力触探法)JB 012201 飞行区道槽区压实度试验检测报告(环刀法)JB 012202 砂垫层渗透系数试验检测报告 JB 012203 山皮石筛分试验检测报告 JB 012204 地基反应模量试验检测记报告 JB 012205
		飞行区压实度试验检测记录表(环刀法)	JJ2202	JJ2202	
		砂渗透系数试验检测记录表	JJ2203	JJ2203	
		山皮石筛分试验检测记录表	JJ2204	JJ2204	
		土基反应模量试验检测记录表	JJ2205	JJ2205	

续上表

序号	项目	记录表名称	参数号	记录表号	报告名称及编号
九、建筑装饰装修工程					
9-1	建筑装饰装修现场检测	房建工程地面工程试验检测记录表(一)	JJ2301	JJ2301	房建工程地面工程试验检测报告(一)JB 022301 房建工程地面工程试验检测报告(二)JB 022302 房建工程地面工程试验检测报告(三)JB 022303 房建工程室内抹灰工程试验检测报告 JB 022304 房建门窗工程试验检测报告 JB 022305
		房建工程地面工程试验检测记录表(二)	JJ2302	JJ2302	
		房建工程地面工程试验检测记录表(三)	JJ2303	JJ2303	
		房建工程室内抹灰工程试验检测记录表	JJ2304	JJ2304	
		房建工程门窗工程试验检测记录表	JJ2305	JJ2305	
十、测量					
10-1	测量	二等水准测量记录表(光学)	JJ2401	JJ2401	二等水准测量报告 JB 022401 三、四等水准测量报告 JB 022402 等外水准测量报告 JB 022403 导线测量报告 JB 022404
		三、四等水准测量记录表(红黑面)	JJ2402	JJ2402	
		等外水准测量记录表(塔尺)	JJ2403	JJ2403	
		导线测量记录表	JJ2404	JJ2404